ユダヤ人も異邦人もなく

パウロ研究の新潮流

山口希生［著］

新教出版社

目次

第3部　ポストNPPの旗手たち

装幀　ロゴスデザイン・長尾優

凡例

一．聖書引用は、基本的には「聖書協会共同訳（続編つき）」からです。ただし、一部著者自身の訳を用いています（その旨明記します）。聖書本文への傍点および［…］は著者によるものです。

二．和書や翻訳書からの引用、または著者自身が洋書を翻訳して引用した場合の傍点や［ ］は著者による強調、補記、または注です。但し、原書そのものに傍点や［ ］がある場合はその旨を脚注に明記します。

三．死海文書の引用は基本的には「死海文書翻訳委員会」による訳（ぷねうま舎）を用います。その場合の（ ）や［ ］は原著に従いますが、（ ）は訳者の補足で、［ ］は写本の欠損を示しています。ただし、傍点は著者によるものです。4QMMTについては著者自身の訳を用いています。

ユダヤ人も異邦人もなく

パウロ研究の新潮流

第1章　第二神殿時代のユダヤ教とパウロ

1　「ニュー・パースペクティブ」とは何か

キリスト教神学の歴史において最も大きな影響を及ぼしてきた人物は、パウロであったといっても過言ではないでしょう。新約聖書に収録された二七文書のうち、使徒パウロの名を冠した書簡は約半分の一三を占めます。また、アウグスティヌスとマルティン・ルターが西洋のキリスト教神学の歴史に並外れた足跡を残してきたことは言うまでもないことですが、この二人の神学者もパウロなしにはあれほど大きな働きをすることはなかったでしょう。ルターの有名な「信仰義認」の教理も、パウロが書いた「ローマの信徒への手紙」と「ガラテヤの信徒への手紙」との真剣な取り組みから生まれてきたものです。

その使徒パウロに対する見方が、英米の新約聖書学界では大きく変わりつつあります。その変化のうねりを生み出しているのが、「**パウロへの新しい視点（ニュー・パースペクティブ）**」（New Perspective on Paul、以下では略称のＮＰＰを用います）と呼ばれる神学潮流です。ＮＰＰは英米を中心とした学問的な流れですが、ドイツ語圏でも無視できない大きなテーマとなってきており、[1] そして新約聖書学のみならず組織神学や教義学の分野でも賛否両論を呼び起こす論題となっています。そればかりか、特にアメリカ合衆国ではＮＰＰは学界を超えて教会でも直接・間接に関心を集めるようになっています。

本書の目的は、ＮＰＰとは何であるのかを日本の読者の方々に紹介することにあります。ＮＰＰの中でも最も重要な著作とされるＥ・Ｐ・サンダースの『パウロとパレスティナのユダヤ教』（*Paul and Palestinian Judaism*）が一九七七年に公刊されてから、四〇年を超える歳月が流れています。同書は新約聖書学界に革命をもたらしたといわれ、「サンダース以前」、「サンダース以後」という表現が用いられるほどの画期的な書ですが、近々ついに邦訳が刊行される予定です。邦訳出版がこれほど遅れたのは、同書の翻訳そのものがたいへんな難事業だということもありますが、ＮＰＰがこれまで日本ではそれほど注目されてこなかったことと無関係ではないでしょう。けれども、日本においてもここ数年の間にＮＰＰは脚光を浴びるようになり、重要な文献の出版も相次いでいます。[2] このような時にＮＰＰを包括的に扱う書を上梓することは時宜にかなったことではないかと考えています。

1　ドイツを代表する聖書学者ゲルト・タイセンの近年の共著 *Der Römerbrief* (Vanderhoeck & Ruprecht, 2016) の１章において、ＮＰＰは大きく取り上げられています。

2　とりわけ重要な文献として、Ｊ・Ｄ・Ｇ・ダン『使徒パウロの神学』（浅野淳博訳、教文館、二〇一九年）。

では、ＮＰＰとはいったい何を指すのでしょうか。ＮＰＰを定義するのは簡単なことではなく、本書全体を通じてＮＰＰとは何かを考察していきますが、ここで暫定的にではあっても、簡潔に定義を試みるのも有益なことでしょう。ＮＰＰについて、広く認められているのは以下の点です。[3]

1　神の恩寵による救済を説くキリスト教に対し、自力による救済、つまり律法の完全な遵守という条件を満たすことで救済を獲得しようとするユダヤ教、というステレオタイプなユダヤ教理解を退ける。ユダヤ教もまた神の先行的恩寵に基づく宗教であり、モーセ律法の遵守は救われた後の神の恵みへの応答である、というユダヤ教理解に立つ。

2　このようなユダヤ教理解に立ちつつ、パウロのユダヤ教批判、律法批判の真意を再考する。伝統的なパウロ理解、つまりパウロは自らの行いによって救済を得ようとするユダヤ教に対し、行いなしの信仰のみによる義認を掲げたのだという見方を批判的に検証する。パウロのモーセ律法に対する批判は、救いのためには行いが不可欠だとするユダヤ教への危惧からではなく、律法をユダヤ人と異邦人の間の壁として用いようとするユダヤ教の民族主義的なあり方に向けられたものだと理解する。

以上が、サンダース、ダン、ライトらＮＰＰの提唱者たちによって提起された新たなパウロ理解の基本的な内容です。もちろん、この短い定義でＮＰＰの全体像を示せたわけではありませんが、一つのたたき台にはなるでしょう。[4] ＮＰＰが特に問題としているのは、歴史的な観点からはイエスやパウロが活躍した第二神殿時代後期のユダヤ教の真の姿はどのようなものだったかという点であり、神学的な見地からは救済論における「行い」と「信仰」との関係にあるからです。

2　ＮＰＰは何を提起しているのか

ＮＰＰが特にプロテスタントの伝統を受け継ぐ神学者や教会にこれほど注目されてきたのは、それがプロテスタント神学の大事にしてきた伝統の根幹部分に触れるものだからです。以下では、伝統的な理解と比較しながら、ＮＰＰが提起している問題について概観していきます。

宗教改革以降のプロテスタント神学において最も重視されてきた教理が「信仰義認」であることは論じるまでもないでしょう。そして、新約聖書において信仰義認が明確に言い表されているのはパウロ書簡においてのみです。したがって、プロテスタント神学において使徒パウロは特別

3　ここではケント・インガーによるＮＰＰの定義を参照しました。Cf. Kent L. Yinger. *The New Perspective on Paul: An Introduction* (Eugene, Or.: Cascade Books, 2011), 30–1.

4　「第二神殿時代」とは、バビロン捕囚から帰国したユダヤ人たちがエルサレムに神殿を再建した紀元前五一六年から、その神殿がローマ帝国によって破壊される紀元七〇年までの時代を指します。

な位置を占めます。では、「信仰義認」とは厳密にはどのような教理なのかという問題に関しては、プロテスタント諸派の間でも必ずしも意見が一致していませんし、その違いについて論じるのは本書の目的ではありません。[5] しかし、プロテスタント各派が共有しているのは、信仰義認の教理は、「行いなしに、信仰によって」というパウロの教えに基づくという理解です。[6] マルティン・ルターはこう述べています。「そこでキリスト者は信仰だけで充分であり、義とされるのにいかなる行いをも要しないということが明らかにされる。」[7] けれども問題は、その「行い」についてのパウロの教えが一貫しているようには見えないことです。「行いなしに」とは言いつつも、パウロはその書簡の至るところで行いの重要性、必要性を説いています。パウロは、信徒たちにキリストの律法を全うせよと教えています。[8]「キリストの律法」とは何を意味するのかという問いはひとまず置いておくとしても、モーセの律法についても、パウロはある箇所では異邦人信徒たちにモーセ律法を行うことを思いとどまらせようとしながら、[9] 他方ではモーセ律法を引用して彼らに正しい行いの必要性を訴えることもします。[10] こうした、行いや律法に対するパウロの一見矛盾するような態度をどう説明するのかということは、常に神学的・牧会的な課題となってきました。「行いによって救われる」とは言えないものの、さりとて「キリスト者はどんな生き方をしても救いから落ちることはない」というのも聖書的でもパウロ的でもないからです。[11]
プロテスタントの正統主義神学においては、義認には行いは必要ないが、聖化には不可欠だという説明がなされてきましたが、パウロ自身は義認と行いとを分離させていません。パウロは次のように書き残しています。

　神はおのおのの行いに従ってお報いになります。［……］律法を聞く者が神の前で正しいとされるのではなく、これを行う者が義とされるからです。（ロマ２・６、13）

　私には少しもやましいことはありませんが、それで義とされているわけではありません。私を裁く方は主です。ですから、主が来られるまでは、何事についても先走って裁いてはいけません。（Ⅰコリ４・４－６）

　私たちは皆、キリストの裁きの座に出てすべてが明らかにされ、善であれ悪であれ、めい

5　プロテスタント神学における信仰義認の教理の展開については、Alister E. McGrath. *Iustitia Dei: A History of the Christian Doctrine of Justification* (3rd ed. Cambridge: Cambridge University Press, 2005).
6　ローマ４・５など。
7　マルティン・ルター『キリスト者の自由：聖書への助言』（石原謙訳、岩波書店、一九五五年）、一九頁。
8　ガラテヤ６・２。
9　ガラテヤ５・２－４。
10　ローマ13・８－10、ガラテヤ５・13－14。
11　第一コリント６・９－10、ガラテヤ５・21など。

めい体を住みかとしていたときに行った仕業に応じて、報いを受けなければならないからです。（Ⅱコリ5・10）

パウロは、自らの義認に関しては、最後の審判において自らの行いに応じて吟味されると述べています。しかし他方では、パウロは行いなしの義認についても語っているのです（ロマ4・6など）。

NPPは「行い」を、より具体的には「モーセ律法の行い」をパウロ神学の救済論においてどう位置づけるのかという難しい問題について、新鮮な視点を提供します。NPPが提起しているのは、パウロの関心は「救われるためには善い行いが必要かどうか」ではなく、「異邦人は救われるためにユダヤ人になる必要があるのかどうか」という点にあった、という見方です。つまり、パウロが戦っていたのは善い行いをしなければ天国に行けないと唱えたユダヤ人ではなく、救われるためには異邦人もユダヤ人のように生きなければならないと主張したキリスト者だったということです。モーセ律法は旧約聖書の契約の民であるユダヤ人のみに与えられたものなので、異邦人にモーセ律法を守らせるということは彼らをユダヤ教徒に改宗させることを意味しました。パウロが反対したのは、律法を行うことそのものではなく、異邦人をユダヤ人にさせてしまうような律法の実践だということです。ここには、パウロの救済論の本質を「行い」対「信仰」の二項対立にあると見なす、伝統的な立場への批判があります。この二項対立的な理解の背後には、

「行いの宗教（ユダヤ教）」対「信仰の宗教（キリスト教）」という暗黙の前提がありました。しかし、古代ユダヤ教に対する見方が大きく変わったことにより、この図式も成り立たなくなってきたのです。この件に関してＮＰＰが提起している事柄は様々ですが、ここでは特に重要と思われる三つの点を挙げます。これらはみな、パウロの時代のユダヤ教についての研究が進み、従来の見方が修正されたことによるものです。

1　パウロの時代のユダヤ教における「行い」と「救い」の関係とはどんなものか。
2　ユダヤ人たちが律法の「行い」に励んだ動機は何だったのか。
3　パウロの言う「律法の行い」とは具体的には何を意味するのか。

まず、最初の問いについて見てみましょう。しばしば誤解されることがありますが、マルティン・ルターは「行い」の重要性を決して否定していません。しかし、ルターは「行い」が義認の根拠となることに断固として反対しました。「行い」とは義認の根拠ではなく、義とされ救われたことへの自発的な感謝の応答である、というのがルターの主張でした。[12] 宗教改革にはいくつかの重要なテーマがありましたが、信仰者の行いは義認の根拠とはならず、その根拠はキリスト

12　McGrath, op. cit., 231–2 を参照。

の「外なる義」（iustitia extra nos）、つまり我々の行いではなくキリストの完全な義の行いにあるということが核心的主張でした。他方で宗教改革以降のプロテスタント神学では、ユダヤ教とは自らの行いで救いを勝ち取ろうとする宗教である、ということを半ば自明のことと見なしました。キリスト教が恵みの宗教、信仰の宗教であるのに対し、ユダヤ教は反面教師（foil）として常に引き合いに出されます。「行い」と「信仰」という対比は、「自らの善い行いによって救われようとする律法主義的なユダヤ教」対「行いによらず、恵みのみによる救いを提供するキリスト教」という対比をその暗黙の前提としてきたからです。パウロは初代教会がユダヤ教から受け継いだ自力救済的な要素を徹底的に排除して、恩寵のみによる救済宗教としてのキリスト教を確立したのだ、ということが自明のものとされてきたのです。しかし、そもそもユダヤ教へのそうした見方は妥当なのでしょうか。古代ユダヤ教においても、「行い」は神の選びの恵みへの応答として理解されているのではないか、というのがＮＰＰからの問題提起です。確かにユダヤ教においては、一連の信条や教義を信じれば救われるというような、信仰を知識の問題に還元していく傾向は見られません。とはいえ、実践や生き方を重視するユダヤ教のあり方を「自力救済的」だと見なすのはあまりに短絡的なのではないか、ということです。

二番目の重要な問いは、パウロの時代のユダヤ人たちが「熱心に」律法の行いに励んだことが事実だとすれば、ではそれは何のためだったのかということです。ルターが修道僧としての善き行いや懺悔に必死に励んだのは、死後に煉獄と呼ばれる苦しみの世界に落とされることへの恐怖からだったとされます。つまり死後の自分の魂の行方についての実存的不安が、彼を突き動かしたということです。では、キリスト教徒になる前のパウロや他のユダヤ人たちも、死後に地獄に落ちる恐怖から逃れようとして律法の行いに励んだのでしょうか。ユダヤ人たちは、律法の行いを完全に行わない限り誰も死後の天国に行けないと固く信じていたのであれほど熱心に律法を守ろうとしたのでしょうか。言い換えれば、ユダヤ人たちの希望とは、「死んだ後に天国に行く」ことだったのでしょうか？　当時のユダヤ社会を深く学ぶと、彼らが律法の行いに励み、それを徹底化・厳格化していった背景にあるのは、死後の個々人の魂の行方についての関心よりも、現世においてユダヤ民族が神に赦されること（それはユダヤ民族が異邦人の支配から解放されるということを意味します）、こうした民族的な希望の成就のためだった、という見方が浮かび上がってきます。神の民であるユダヤ人が真の神を知らぬ偶像礼拝者の異邦人に支配されるという屈辱的な立場に置かれているのは、彼らの神への信仰が生ぬるく熱心でないためだ。そこで律法を熱心に行うことで神に立ち返り、それによって異邦人への隷属という惨めな状態からの解放を願った……。このようなユダヤ人理解は、歴史的に見て十分な蓋然性があります。特に、紀元前二世紀前半に起こったセレウコス朝シリアの王アンティオコス四世（エピファネス）による律法禁止令と、それに反発するユダヤ人が起こしたマカバイ戦争の成功の後には、愛国主義的な「律法への熱心」こそが人を義認へと導くということが強調されるようになりました。[13] 伝統的なプロテスタント神学では、こうしたユダヤ人と異邦人の間の緊張関係と、「律法の行い」を熱心に行うことの関係が見逃されてしまったため、ユダヤ教を誤解してきたのではないか、という問いかけがなされるようになったのです。そのような視点を持たないと、パウロの律法批判をより一般的な人間論の立場から解釈してしまいがちになります。プロテスタント神学の伝統的な見方によれば、パウロ神学の真髄は人間の絶対的無力についての洞察にあるとされます。罪の奴隷である人間は（ロマ7・14）、神が人間に課した「律法」という要求（それは契約の民であるユダヤ人だけでなく、万人に等しく課される「神の法」として理解されます）を満足に行うことは到底できない。むしろ人は律法を行おうとすることで、それを行うことができない自らの罪深さ、無力さを自覚し、救いを求めるようになる。自らの行いによっては救われないと絶望した人々は、神が別の救いの道を備えて下さったことに気がつく。それがイエス・キリストを信じることのみによる救いである……。[14] パウロ自身も、このような道筋をたどって福音にたどり着いた、ということが言われてきました。リチャード・ロングネカーはこう記しています。

パウロは彼の宗教の律法尊重主義と決疑論のもとに押しつぶされて、愛と内面性にあこがれながら、不幸な思春期を過ごしたのではないかとしばしば言われてきた。この推測は多分に、ローマ七・七―二五をパウロの自叙伝とする解釈に基づいている。律法の恐ろしい要求を実感するようになり、そのために良心の呵責との絶え間のない不毛の戦いに投げ込まれていた自分の少年時代を、パウロはこの箇所で描き出していると見られているわけである。[15]

パウロのユダヤ教批判とは、人間の弱さや惨めさに気がつかずに、自らの行いによって救いを獲得しようとする彼らの空しい努力に対して向けられた、ということになります。しかし、パウロ自身は、キリスト教に回心する前の自分のことを「律法の義に関しては非の打ちどころのない者でした」とまで語っています（フィリ３・６）。そのような人が、律法の恐ろしい要求に悩み苦しんでいたと言えるのでしょうか。さらには、パウロ神学の真髄は、人間の絶対無力への確信にあるというよりも、そのような弱い人間ですら変革する神の絶対的な力への信頼にあると言えないでしょうか。パウロはキリストと共に死んで、共によみがえることにより人は罪の奴隷状態から脱することができ（ロマ６・６）、さらには聖霊の力で律法を全うすることすらできると語ります（ガラ５・16、ロマ８・４）。ＮＰＰは、パウロ神学のこのような積極的な側面を強調します。

第三の点は、特にジェイムズ・ダンによって論じられてきた点です。ＮＰＰは、パウロの信仰義認論争がどのような文脈から生まれてきたのか、ということに注目します。ガラテヤ書２章に

13　第一マカバイ記２・40－68を参照。
14　ルター派神学では、これは「律法の第二用法」と呼ばれます。
15　リチャード・Ｎ・ロングネカー『パウロの生涯と神学』（島田福安訳、いのちのことば社、一九八三年）、三八頁。

よると、パウロが律法の行いによらない義を主張し始めたのは、十二使徒筆頭のペトロがモーセの律法を守らない異邦人キリスト教徒と共に食事をすることを避けるようになった時からです。この場合、モーセの律法はユダヤ人キリスト教徒と異邦人キリスト教徒とを分け隔てる境界線、隔ての壁となっていました。パウロはユダヤ人キリスト教徒と異邦人キリスト教徒との一致、対等な交わりを第一に掲げていたので、このようなモーセ律法の分離主義的傾向を決して看過することはできませんでした。この緊迫した状況で問われていたのは、人間には律法を行うことが可能なのかという抽象的な人間論ではなく、モーセ律法が教会の中に、ユダヤ人グループと異邦人グループという分裂を生み出すことを容認してよいのか、という問いでした。パウロの律法批判の最も重要な原因はここにある、というのがＮＰＰの主張です。つまり、パウロのユダヤ教批判は、ユダヤ人の愛国主義や民族主義、神の選びという特権を一民族で独占しようとする排外主義に向けられていたということです。この場合、「律法の行い」とは天国に入るために積み上げる人間の功績や功徳のことではなく、ユダヤ民族と異邦人との境界線を明確にするような一連の行動規範のことだと理解されます。

以上のように、ＮＰＰという神学潮流の根底には、古代ユダヤ教についての「行いによって救われようとする宗教」というような、キリスト教より劣ったものと見なす侮蔑的な見方を問い直そうという動機があります。最新の研究に基づいて、ユダヤ教へのより正確な、公平な理解を提供しようというのです。そしてパウロ神学とユダヤ教との密接な関係（たとえそれが否定的な関係だとしても）を考えれば、ユダヤ教への見方の変化は、パウロ神学の理解についても修正を迫るものとならざるを得ないのです。ＮＰＰが提起しているのは、ユダヤ教の理解が変わればキリスト教の理解も変わることになる、ということです。

3　パウロの時代のユダヤ教を問い直す

上述したように、ＮＰＰの根底にある問題意識は「パウロ神学を問い直す」ことよりも、「第二神殿時代のユダヤ教を問い直す」ことです。ＮＰＰの中でも最も重要な文献であるＥ・Ｐ・サンダースの『パウロとパレスティナのユダヤ教』において、約七割が古代ユダヤ教の研究に割かれていることがそれを端的に示しています。キリスト教徒が「ユダヤ人」や「ユダヤ教」に対して持つ、予断や偏見を根本から見直そうというのです。

ユダヤ教を再評価しようという機運が生じた最大の要因の一つは、第二次世界大戦中のナチス・ドイツによるユダヤ人大虐殺、ホロコーストを世界が目撃したことにあります。ヨーロッパのキリスト教の長い歴史における最大の暗黒面の一つは、長きにわたるユダヤ人迫害であるのは周知のことですが、ナチス・ドイツによるホロコーストほどヨーロッパ人の中に根強く残る反ユダヤ的な感情を暴き出したものはありません。そしてその反ユダヤ的感情の温床となってきたのが、一人のユダヤ人を救世主と信じるキリスト教会であるというのも、否定しがたい事実です。しかも、教会のユダヤ民族への敵意には単に人種差別的な偏見というだけでなく、もっと根の深い神学的な側面があります。それはユダヤ人たちの民族宗教である「ユダヤ教」がキリスト教の対極にある劣った宗教だという偏見です。キリスト教神学の伝統には、**「ユダヤ教は神の恵みを知らない」**という根強い見方があります。二〇世紀中盤に最も影響力のあったドイツの新約聖書学者ルドルフ・ブルトマンは、古代ユダヤ人たちは律法主義的な考え方に囚われていたために「救いの確信」を持つことができなかったと主張し、一世紀のユダヤ戦争の時代を生き抜いた高名なラビ、ヨハナン・ベン・ザッカイを例に挙げました。

［神の戒めの］遵守を律法主義的に捉えてしまうことの結果は、救いの見込みが極めて不確かになるということである。この世で生きている間に、救われるために十分な行いをしたと、誰が確信を持てるだろうか？ その人の律法の業と善い行いとは十分なものだったのだろうか？ 審判の日には、すべての善い行いが勘定に入れられ測られるが、天秤の上に載せられた悪い行いの方が善い行いよりも重かった人はわざわいだ！ ヨハナン・ベン・ザッカイは病床を見舞った友人たちの前でさめざめと泣いたが、それは神の裁きの座で自分がどうなるのか確信が持てないためだった。裁き主である神と会うという未来の展望は、良心の内にどうしようもない不安と病的な罪の意識とを生じさせた。[16]

このヨハナンについての描写を読むと、まるで「塔の体験」を通じて恵み深い神を発見する前の、神の怒りと裁きに恐れおののくマルティン・ルターの内面の動きを見ているような気持にさせられます。ルターもまた、自らの善い行いと徹底した悔い改めにもかかわらず、それらが神の御前に十分であるという確信が持てずに苦しんだのでした。ルター自身、次のように記しています。

わたしは落ち度のない修道士として生きてきたとはいえ、良心に不安を抱えながら神の御前に立つ罪人だと感じていた。わたしの「満足」〔山口注：satisfaction カトリックの神学概念で、罪人の償いの行為が神を「満足」させるということ〕が神を喜ばせるという確信が持てなかったのだ。そのため、わたしは義なる神を愛することができず、実際には憎んでいた……。[17]

ここにＮＰＰの一つの重要なポイントがあります。つまり宗教改革以降のキリスト教神学者た

16　Rudolf Bultmann. *Primitive Christianity: in its contemporary setting* (Translated by R. H. Fuller. London: Thames and Hudson, 1956), 70.〔拙訳〕

17　Alister E. McGrath. *Luther's Theology of the Cross: Martin Luther's Theological Breakthrough* (2nd ed. Chichester: Wiley-Blackwell, 2011), 129.〔拙訳〕　なお、本書には邦訳があります。Ａ・Ｅ・マクグラス『ルターの十字架の神学――マルティン・ルターの神学的突破』（鈴木浩訳、教文館、二〇一五年）。

ちは、ルターの戦った中世のローマ・カトリック教会を、古代のユダヤ教と重ね合わせて見てきたのではないのか、ということです。中世のローマ・カトリック教会が、神の恵みを受けるために人間の積む善行や功徳、あるいは「痛悔」と呼ばれる徹底した懺悔の必要性を強調したことにルターは強く反対し、[18]「恵みのみ」で救われるという宗教改革をスタートさせました。それと同じように使徒パウロも、自らの善行を積み上げて救われようという「自力救済的」な第二神殿時代のユダヤ教に強く反対し、「恵みのみ」で救われるという教えをユダヤ教への宗教改革として布教したのだ、と理解されてきたのです。教理学者のコーネリス・ベネマはこう論じています。

ルターは、功績となる善い行いによる救いというローマ・カトリックの教えと、神の律法への従順による救いというパリサイ派またユダヤ主義者の教えとの間に本質的な類似点があることを特に強調した。[19]

このような見方について、E・P・サンダースも次のように述べています。

ガラテヤ書2章と3章におけるパウロの信仰による義、または律法の行いについての議論は、神の御前に十分な善い行いを示すことで救いを勝ち取るのは不可能だ、とパウロが論じているかのように理解されてきた。ユダヤ教の特徴とはそのような立場［山口注：神の御前に十分な善い行いを示すことで救いを勝ち取とろうとする立場」を掲げていることだと信じられており、それゆえパウロの議論はユダヤ教に対して向けられていると見なされてきた。[20]

こうしたユダヤ教への見方は、かつては新約聖書学ではなかば自明のように見なされてきました。ブルトマンによれば、パウロがキリストの十字架に見出した問いとは、「律法の行為の成就によって義を得ようとする、ユダヤ教の努力に対する有罪判決を認めようとするか否かということであった」。[21] つまり、神が十字架上で有罪判決を下したのは、律法を完全に行うことで自らの救いを勝ち取ろうとするユダヤ人の傲慢な自力救済的姿勢だったのだと。しかし、パウロの時代のユダヤ教は本当にそのような宗教だったのでしょうか。彼らは自分の行いに寄り頼み、「神の恵み」を知らなかったのでしょうか。私たちはどこまで当時のユダヤ教の実像を知り、また理解しているのでしょうか。

18　マクグラス、二〇〇〇年、前掲同書、一〇五－七頁参照。
19　コーネリアス・P・ベネマ『「パウロ研究の新しい視点」再考』（安黒務訳、いのちのことば社、二〇一八年）、二九頁。
20　E. P. Sanders. *Paul, the Law, and the Jewish People* (Minneapolis: Fortress Press. 1983), 20.［拙訳］
21　ルドルフ・ブルトマン『ブルトマン著作集４・新約聖書神学Ⅱ』（川端純四郎訳、新教出版社、一九九五年）、四頁。

このように、ＮＰＰとはキリスト教徒がユダヤ教やユダヤ人に対してほとんど無意識に持っている根の深い予断や偏見を根本から問い直し、ユダヤ教をありのままの姿で評価し直そうという学問的潮流です。実際、ＮＰＰの中心的な学者たちは、ユダヤ教をキリスト教との比較のためではなく、ユダヤ教をそのものとして理解しようと努めています。そのためにユダヤ文献を詳しく研究しているのです。

4　ユダヤ教もまた、「恵みの宗教」である

古代ユダヤ教を研究してきた学者たち（C・G・モンテフィオーレ等）は、「ユダヤ教は神の恵みを知らない」というキリスト教神学の前提についてかなり前から疑問視してきました。ユダヤ教の研究者によれば、第二神殿時代のユダヤ教の本質には、「**悔い改めと罪の赦し**」があるのです。確かにユダヤ教では「善い行い」の重要性を強調しますが、それは神の選びの恵みへの応答だ、と彼らは説明します。ユダヤ人にとって、救いの根拠は何よりも「**神の選び**」という、神からの一方的な恩寵にあるのです。では、これらの概念、「神の選び」、「善い行い」、「悔い改めと罪の赦し」の間の関係をどう考えればよいのでしょうか。ここで決定的に重要になるのが「**契約**」という概念です。人は神の一方的な選びの恵みによって神との契約に入れられますが、契約の民となった後にはそれに相応しい行いをすることが期待されます。しかし、人は罪に傾きやすいので、

神は罪の赦しのための手段を提供しました。人は罪を犯しても、悔い改めと神殿での祭儀により罪が赦されて契約に留まることができます。これが「契約」の基本的な考え方です。E・P・サンダースはこの契約を基本とした律法遵守のあり方を**契約維持の律法制**（covenantal nomism）と呼びました。[22]「律法の行い」とは救いを勝ち取るためではなく、契約に留まるためのものだった、というのがサンダースの主張です。

キリスト教においても、「契約」は非常に重要です。キリスト者の救いの根拠は人間側にはなく、神の一方的な選びの恵みにあります。キリスト者が新しい契約に加わり、神の子とされるのは、人間の願いや努力によるのではなく、神の一方的な選びによります。しかし、ひとたび義とされ神の民とされた者は、それまでの生き方をそのまま続けてよいということにはなりません。聖霊に導かれて「行いの実」を結ぶ歩みが求められます。ルターもこう語っています、「すなわち、使徒［パウロ］はキリスト者に真剣に訓戒する。すなわち、信仰についての純粋な教えを聞いて、受けいれたのちには、真の行いも実践するように、と。」[23]しかし救われた後でもキリスト者は罪を犯します。「ヘブライ人の手紙」では、キリストが天において大祭司として執り成しを続けていることを強調します（ヘブ4・14－15）。このキリストの祭司としての働きのゆえに、キ

22　この訳語は浅野淳博氏が提唱しているものです。
23　マルティン・ルター『ルター著作集第二集12・ガラテヤ書大講解・下』（徳善義和訳、聖文舎、一九八六年）、三二一頁。

リスト者は罪の赦しを得て、契約に留まることができるのです。

こうしてみると、第二神殿時代のユダヤ教とキリスト教は「契約」という観点から見れば同じような構造を持っているると言えるのではないでしょうか。伝統的なプロテスタント神学では、「律法（トーラー）は完璧に守らなければならないが、それは誰にも不可能なことである。したがって、行いによっては誰も救われない」ということが言われてきました。この点について旧約聖書を良く知る人は、「モーセの律法は、人間が罪に傾きやすく、律法を完全には守れないことを前提としている。それゆえに違反のための罪の赦しが得られる手段をあらかじめレビ記に記したのだ」と答えるでしょう。モーセの律法は、人間には実行不可能な高すぎる規範ではないのだと。キリスト者は罪を犯しても、キリストによって与えられる罪の赦しのゆえに心安んじることができます。同じように、モーセ契約の場合もレビ記の贖罪規定の実践により、罪の赦しが得られます。個々の罪のみならず、年に一度の大贖罪の日（ヨム・キップール）には、民全体の罪がすべて赦されます（レビ16章）。これまでのキリスト教神学は、パウロがあたかも旧約聖書に罪が赦される恵みの手段が提供されているのを知らず、それゆえ律法を完全に行うことはできないと嘆いていた人物のように描いてきたのではないか、という批判が生まれてきたのです。これもＮＰＰにおける主要な論点の一つです。

しかし、このようにユダヤ教とキリスト教を並べて扱うことには根強い反発があります。特にユダヤ教は「律法主義的」な宗教であり、キリスト教はそうではない、という指摘がよくなされます。そこで、ユダヤ教を形容する言葉として使われる「律法主義」について考えてみましょう。

5 「律法主義」について

「律法主義」という言葉は様々な場面で用いられますが、その正確な定義が曖昧なままで用いられる言葉でもあります。ケンブリッジ大学で新約学を教えるサイモン・ギャザコールは律法主義という言葉の定義をいくつか挙げています。[24] 以下で、ギャザコールの分類に従いつつ、それぞれについて見ていきましょう。

第一は、独善的な心の持ち様を指します。自分はすべての戒めやルールを守っている正しく善良な人間だと考え、他人を見下すような心理状態を指して「律法主義的だ」と呼ぶ場合です。しかし、このような定義をある特定の宗教の「特性」とすることには問題があります。ユダヤ人はすべて独善的だとは言えないし、独善的な人はどのような宗教にも存在します。また、少なからぬ古代のユダヤ人は、自分が罪深い人間であることを強く自覚していました。したがって、「独善性」を古代ユダヤ人の宗教的特徴とすることはできません。

第二は、ルールや規則にやたらとこだわるあり方を指します。ユダヤ教には「豚肉を食べては

24　Cf. Simon Gathercole. *Where is Boasting?* (Grand Rapids: Eerdmans, 2002), 29–33.

いけない」や、「男子は割礼を受けなければならない」などと、生活や行動についての細かい規則がたくさんありますが、キリスト教にはそのようなルールはほとんどありません。キリスト教は「自由な」宗教であるのに対し、ユダヤ教は「律法主義的だ」としばしば言われるゆえんです。しかし、これらの規則は「ユダヤ民族を他の民族から区別するための目印」のような役割を果たすもので、したがって民族宗教としてのユダヤ教が持つ様々な規定を指して「律法主義」と呼ぶのは的外れでしょう。そして民族宗教ではない世界宗教としてのキリスト教に、このような自国人と外国人とを区別するための規則がないのはむしろ当然です。

第三は、報いを期待して行いをするという態度を指して「律法主義」という言葉が使われる場合があります。ユダヤ人は神からの報いを求めて善い行いに励みますが、そうした行いはそもそも動機が間違っており（つまり報いを求めている）、そのような心根は「律法主義的」である、というのです。それに対し、キリスト者は報いのために善い行いをするのではなく、恵みへの応答として何の見返りを求めずに善い行いをする、そこがユダヤ人との違いなのだ、としばしばいわれます。けれども、パウロも「あなたがたも賞を得るように走りなさい」（Ｉコリ９・24）というように、朽ちない冠という報いを得るために努力しなさいと教えています。実際、パウロはそこかしこで報いについて語っているのです。ですから、この観点から見てもユダヤ教だけが「律法主義的」だとは言えません。

第四は、救われるためには、信じるだけでなく行いも必要だと考える神学を指して「律法主義的」と呼ぶ場合があります。ユダヤ教とキリスト教の決定的な違いは、ユダヤ教は救いのためには「行い」が必要なのに対し、キリスト教では信仰のみ、行いなしに「信じる」だけで救われる、と指摘されます。この点は特に重要なので、詳しく考える必要があります。これがまさに宗教改革で問われた重要争点だからです。先にも少し触れましたが、ルターは、人が神の御前に義とされる根拠はその人の中には一切ない、と主張しました。義とされる根拠はその人の外に、すなわちキリストの中にのみあります。人は完全な義を持つキリストと信仰を通じて結ばれることで、キリストの義をあたかも自分の義とみなしてもらう、そうすることで神に義と認められます。これがルターの義認理解です。しかし、ルターも義とされた人がどんな自堕落な生き方をしてもよい、という考えには断固反対しました。パウロも、そのような示唆に対して強く反対していま す。[25] 義とされた者にはそれにふさわしい生き方というものがあり、そのような行いの実を結ばない者は、そもそも信仰者ではない、とルターは明確に述べています。そうなると、「では、やはり救いには行いが必要なのではないか？」という疑問が生じますが、プロテスタント正統主義神学においては、「行いは救いの根拠（basis）ではなく、証拠（evidence）だ」という答えがなされてきました。とはいえ、根拠と証拠では実質的に何が違うのか、「行い」が必要であるという意味では同じではないか、という反論がしばしばなされるように、「行い」をキリスト教の救済

25　ローマ6・1－2。

理解に適切に位置づけるのは容易なことではないのです。それでも、このことを適切に言い表すための努力がキリスト教の歴史を通じて行われてきました。以下の三つの声明もそのような例です。

> 人は行いによって義とされるのであって、信仰だけによるのではありません。（ヤコ２・24）

> だから、私の愛する人たち、いつも従順であったように、私がいたときだけでなく、いない今はなおさら、恐れおののきつつ自分の救いを達成するように努めなさい。（フィリ２・12）

> 私たちは行いで義とされるのではないが、行いなしで義とされるのでもない。なぜなら、私たちはキリストに参与することによって義とされるのであるが、キリストへの参与には義認と同様に聖化も含まれているからである。（カルヴァン『キリスト教綱要』Ⅲ・16・1［私訳］）[26]

新約聖書の中では、信仰と行いの関係を論じた書として「ヤコブの手紙」が有名です。このヤコブの手紙の一節はパウロの「信仰のみ」による義認とまっこうから矛盾するように見えますが、その書簡が新約聖書の正典として収められているという事実そのものが、パウロの義認論によれば行いは必要ないのだ、というような誤解に対する初代教会の強い警戒の表れと言えないでしょうか。宗教改革時代にはカルヴァンがこの問題を教理的に洗練された仕方で論じています。「区別するが分離せず」というアプローチはカルヴァンの神学的特徴ですが、「信仰による義認」と「行いを伴う聖化」を区別しながら分離させないことで、行いによる義認ではないが、行いなしの義認でもない、という結論を導き出したのです。このように、「行い」を大きな意味での救済的枠組みに位置づけるためにキリスト教神学は不断の努力を続けてきました。キリスト教における「永遠の命」は、善い行いへの報酬ではなく、神からの一方的な恩寵です。それでも、そのような恩寵を与えられた者にふさわしい行いというものが求められています。

では、第二神殿時代のユダヤ教は「永遠の命」、あるいは「来るべき時代を受け継ぐこと」を神からの恩寵ではなく、働きの報いとして捉えられていたのでしょうか。この問題もそう簡単でありません。同じような問題はキリスト教神学にも見られるものです。実際、パウロも「自分の肉に蒔く者は、肉から滅びを刈り取り、霊に蒔く者は、霊から永遠の命を刈り取ります。たゆまず善を行いましょう。倦むことなく励んでいれば、時が来て、刈り取ることになります」（ガラ６・９）と語っています。この言葉からは、パウロが永遠の命を働きの報いとして捉えていたという印象を受けるでしょう。このような言葉と、義認が恩寵であることを強調している他のパウロの言葉（ロマ４・４－５など）とは矛盾するのでしょうか。あるいは、ユダヤ的思考法ではそれ

26　John Calvin, *Institutes of the Christian Religion* (translated by Henry Beveridge, Grand Rapids: Eerdmans, 1989)

は矛盾ではないのでしょうか。西ヨーロッパの神学的伝統では論理的な整合性や明晰さを求めるあまり、パウロや当時のユダヤ人にとっては矛盾でも何でもなかった人間側の努力と神の恩寵との協働関係を、切り離してしまったのでしょうか。こうした点も、NPPで問われていることでもあります。

ところで、「律法主義」についての議論の中で、しばしば「半ペラギウス主義」という言葉が登場しますが、この用語は定義があいまいなままで、いわばレッテル貼りのように用いられることがあります。NPPに反対する立場の人々も、NPPの描くユダヤ教を半ペラギウス主義だとみなそうとします。例えばコーネリアス・ベネマは次のように論じます。

ここで皮肉なことに、サンダースによる「カヴェナンタル・ノミズム」の描写は、半ペラギウス主義の教えの教科書的記述にきわめてよく似ているのである。それゆえ、はからずも宗教改革者の主張の信憑性を高めることになっているようにも思われる。[27]

では、半ペラギウス主義とはどのような見解なのでしょうか。それは、「神の恵みは、努力を示す人間、あるいは恵みに相応しい人間に与えられる」という考え方です。つまり神の恵みを受ける前に、まず人間が努力を示す必要がある、ということです。[28]これが半ペラギウス主義、またはルターが反対した「近代的道」と呼ばれる立場です。しかし、サンダースが描いたユダヤ教はこれとは正反対のものです。サンダースが強調したのは、イスラエルに対する神の選びは、イスラエルのあらゆる努力に先んじて与えられた先行的な恵みだということなのです。したがって、「半ペラギウス主義」という言葉をNPP批判のために誤って用いないように注意すべきでしょう。

6　まとめ

これまで述べてきたように、NPPの根本的な動機は、古代ユダヤ教の実像を正しく理解しようということにあります。そして、その新しく理解された古代ユダヤ教の光に照らしてパウロ神学を改めて考える時に、私たちは様々な点について再考を迫られるのではないか、これがNPPの主張です。本書の目的は、NPPの研究史を描くことであり、第二神殿時代後期のユダヤ教そのものを分析することではありません。ですから、果たしてNPPの描く古代ユダヤ教の姿が妥当なのかどうか、ということを論じるのは本書の意図するところではありません。[29] むしろ、それを前提としてNPPの議論の流れを追っていこうというのが本書の狙いです。NPPによれ

27　ベネマ、前掲同書、七〇頁。
28　『キリスト教大辞典』（改定新版：教文館、一九六八年）の「半ペラギウス主義」（八五九頁）を参照。
29　そのような意図による専門書としては、土岐健治『初期ユダヤ教の実像』（新教出版社、二〇〇五年）。

ば、ユダヤ教と原始キリスト教の間には、「行いの宗教」対「恵みの宗教」というような対立は存在しません。ではユダヤ教とキリスト教の根本的な相違点は何なのか、という問いについては、「一民族のための宗教」と「すべての民族を包み込む普遍宗教」という違いが浮かび上がってきます。ユダヤ教とキリスト教の最大の相違点は仏教用語でいうところの「自力本願」対「他力本願」というような救済論の対立にあるのではない、ということです。

NPPの代表的学者としてよく名前が挙がるのはE・P・サンダース、ジェイムズ・ダン、N・T・ライトの三人ですが、本書ではこれら三人にとどまらず、NPPを生み出す背景となった重要な先駆者たちの研究や、新しい展望を生み出している学者をも紹介します。そして、新約学の研究者のために有益な内容にしたいと願うと同時に、学術的な分野に関心のある一般の方々にとっても理解できるものにしたいという、かなり野心的な意図をもって本書を執筆しました。それはNPPが学界のみならず、教会の人々にとっても非常に関心の高い、信仰の核心に迫るテーマを含んでいるからです。

本書ではNPPがどのように生まれ、発展し、批判され、また深まっていったのかを一〇名の重要な研究者たちを振り返ることで辿っていきます。第1部ではNPPの先駆者として、F・C・バウル、アルベルト・シュヴァイツァー、W・D・デイヴィス、エルンスト・ケーゼマンという新約聖書学の歴史に名を遺す四人の研究者たちを振り返ります。第2部ではNPPを代表する研究者であるE・P・サンダース、ジェイムズ・ダン、リチャード・ヘイズ、N・T・ライトの四人を取り上げます。そして第３部では、ポストＮＰＰの旗手としてダグラス・キャンベルとジョン・バークレーの研究を紹介します。ＮＰＰのパイオニアとして、よくクリスター・ステンダールの名前も挙がりますが、本書では彼を特別に取り上げることはしません。ステンダールは非常に影響力のある短い論文を発表しましたが、このテーマに関する包括的な著作は残さなかったからです。そのため彼の業績の紹介は他の学者たち、特にケーゼマンとの関係で取り上げるにとどめることにしますが、彼がＮＰＰの歴史において重要な人物であることに疑いはありません。

第1部　NPPの先駆者たち

第1部では、NPPの研究を先取りしていた重要な学者たちを紹介します。いずれの学者も新約聖書学における巨人と呼ぶべき存在感を持っています。

まず、一九世紀以降のドイツにおけるパウロ研究に決定的な影響を及ぼしたF・C・バウルを取り上げます。彼はパウロの展開する義認論の背景として、原始教会における異邦人問題、つまり教会の正式な成員となるためにはユダヤ人になる必要があるのかどうか、という問いがあったことを鋭く指摘します。

次に、神学のみならず医療行為などマルチ分野で活躍したアルベルト・シュヴァイツァーを見ていきます。彼はパウロ神学のいわゆる神秘主義の起源が、ヘレニズムの密儀宗教ではなくユダヤ黙示思想にあると論じ、パウロをこの視点から捉えようとしました。彼の研究はいわゆる「黙示的パウロ」研究の嚆矢となるものでした。

　そして、ＮＰＰの進展のために極めて重要な研究を残し、Ｅ・Ｐ・サンダースを育てた人物でもあるＷ・Ｄ・デイヴィスの業績を紹介します。デイヴィスは、パウロとユダヤ教とを対立的に捉えずにパウロ神学を捉えようとしたという意味で、革新的なパウロ研究を成し遂げた人物だと言えます。

　最後はドイツ聖書学の風雲児であったエルンスト・ケーゼマンです。ケーゼマンはドイツ聖書学の巨匠であるブルトマンの高弟の一人でしたが、ブルトマンとは異なる道を切り開いていきました。パウロの伝えた福音を、個人的救済を超えた宇宙的なスケールで捉えようとする彼の研究はＮＰＰにも大きな影響を与えました。

第2章　パウロ神学における普遍主義

――F・C・バウル

1　「民族主義」対「普遍主義」

パウロ神学におけるユダヤ教と原始キリスト教の対比の構図が、「自力救済」対「絶対他力」ではなく、「排他的な民族主義」対「開かれた普遍主義」にあるという見方を提起したのはNPPが初めてではありません。すでに一九世紀には、その萌芽ともいえる見解が提起されていました。このような見解を打ち出したのが「テューービンゲン学派」の創始者として名高いF・C・バウル（一七九二―一八六〇）でした。バウルはドイツの名門テュービンゲン大学（正式名称はエバーハルト・カール大学テュービンゲン）で新約聖書学を教え、その後のドイツ聖書学に甚大な影響を及ぼしました。

バウルが関心を寄せたのは原始キリスト教団の発展の歴史であり、パウロをその中にどう位置づけるのか、という問いでした。今日でこそ、パウロは使徒の中の使徒として最大級の尊敬を集めていますが、キリスト教の黎明期においてパウロは論争の的となっていた人物であり、誰もがその権威を認めていたわけではありません。それどころか、パウロが自分に敵対するユダヤ人宣教師たちとの激しいつばぜり合いを繰り広げていたことを、彼の書簡から窺い知ることができます（Ⅱコリ11・1－29など）。パウロが他の宣教師たちと対立した原因は何だったのでしょうか。その原因を探ることは、本書の目的にとって重要です。なぜならパウロの信仰義認の教えは、モーセ律法を重視するキリスト教宣教師たちとの対立の中で研ぎ澄まされていったからです。

パウロがガラテヤやコリント、あるいはフィリピなどの教会をめぐって対立した宣教師たち（ガラ1・9、5・11－12、フィリ3・2－3など）がどのような人たちだったのか、原始教会の歴史を記した「使徒言行録」から知るのは困難です。使徒言行録によれば、パウロとモーセ律法を重視する人々との対立は、パウロがヨーロッパ伝道（第二次伝道旅行）に行く前に、エルサレムでの会議で解消したことになっています（使15章）。使徒言行録のそれ以降の記述には、異邦人信徒にモーセ律法を守らせようとしてパウロの諸教会を混乱させるキリスト教宣教師たちは登場しません。しかしパウロの書簡からは、パウロとこれらの宣教師たちの対立は、フィリピやコリントといったヨーロッパの教会を立ち上げた後に激化していったことが伺えます。したがって、この問題を考えるうえではどうしても使徒言行録とパウロ書簡とを突き合わせ、伝道者としてのパウロの歩みを立体的に捉えていく必要があります。今日に至るまで、多くのパウロ研究者がこの課題に取り組んできましたが、バウルはその先駆けとなるような重要な研究を残しています。バウルはパウロの伝道活動についての二つの資料、パウロ書簡と使徒言行録とを比較し、その顕著な違いに注目しました。この問題にあまり馴染みのない読者の方もおられると思うので、一例としてパウロの回心後の第一回と第二回のエルサレム訪問の記事を比べてみましょう。まずは第一回のエルサレム訪問についての記述です。

ガラ1・17―22

また、私よりも先に使徒となった人たちがいるエルサレムへ上ることもせず、直ちにアラビアに出て行き、そこから再びダマスコに戻ったのです。それから三年後に、エルサレムに上ってケファを訪ね、彼のところに十五日間滞在しました。しかし、主の兄弟ヤコブを除き、ほかの使徒には誰にも会いませんでした。神の前で断言しますが、私があなたがたに書いていることに偽りはありません。その後、私はシリアおよびキリキアの地方に行きました。キリストにあるユダヤの諸教会には、顔を知られていませんでした。

使9・26―30

サウロはエルサレムに着き、弟子の仲間に加わろうとしたが、皆は彼を弟子だとは信じないで恐れた。しかしバルナバは、サウロを引き受けて、使徒たちのところへ連れて行き、彼が旅の途中で主に出会い、主に語りかけられ、ダマスコでイエスの名によって堂々と宣教した次第を説明した。それで、サウロはエルサレムで弟子たちと共にいて自由に出入りし、主の名によって堂々と宣教した。また、ギリシア語を話すユダヤ人と語り、議論もしたが、彼らはサウロを殺そうと狙っていた。それを知ったきょうだいたちは、サウロを連れてカイサリアに下り、そこからタルソスへ送り出した。

この二つの記述には看過できない違いがあります。パウロはガラテヤ書簡で、自分はペトロ（ケファ）と主の兄弟ヤコブ（十二使徒ではない）だけにしか会っておらず、それは神に誓って真実だとまで強調しています。したがって、第一回のエルサレム訪問でパウロが会った十二使徒はペトロただ一人のはずです。他方で使徒言行録によれば、バルナバはサウロを使徒たち（複数形）のところに連れて行ったと書かれていますが、使徒言行録では主の兄弟ヤコブは「使徒」とは呼ばれていません（使１・25、21・18参照）。またガラテヤ書によれば、パウロはペトロの家に二週間ほど滞在しただけですが、使徒言行録ではパウロはエルサレムでいろいろなところに自由に出入りし、また命を狙われるほど大胆に福音伝道に励んだとされています。これは、パウロ自身の「キリストにあるユダヤの諸教会には、顔を知られていませんでした」という記述と矛盾するように思われます。ガラテヤ書ではパウロは、自分の宣べ伝える福音がイエスから直接啓示されたものであり十二使徒たちから継承したものではない、ということを強調したかったので、エルサレム教会と距離を置くような記述をしたというパウロの動機は理解できます。それにしても、パウロ自身による第一回のエルサレム訪問の回顧と、使徒言行録の記述からは相当異なる印象を受けます。

パウロの第二回のエルサレム訪問に関しても、見過ごせない違いがあります。

ガラ２・１－10

その後十四年たってから、私はバルナバと一緒に、テトスも連れて、再びエルサレムに上りました。都に上ったのは、啓示によるものでした。私は、異邦人に宣べ伝えている福音について、人々に、とりわけ、おもだった人々たちには個人的に示しました。私が走り、また走ってきたことが無駄だったのかと尋ねたのです。また、私と一緒にいたテトスでさえ、ギリシア人であるのに、割礼を強いられませんでした。忍び込んで来た偽兄弟たちがいたのに、強いられなかったのです。［……］ちょうどペトロが割礼を受けた者への福音を委ねられているように、私が割礼を受けていない者への福音を委ねられていることを認めました。ペトロに働きかけて彼を割礼を受けた者への使徒としてくださった方は、私にも働きかけて異邦人への使徒としてくださったのです。私にこのような恵みが与えられたのを認めて、ヤコブとケファとヨハネ、つまり柱と目されるおもだった人たちは、私とバルナバに交わりのしるしとして右手を差し出しました。こうして私たちは異邦人へ、彼らは割礼を受けた人々のところに行くことになったのです。ただ、私たちがこれからも貧しい人たちを顧みるようにとのことでしたが、私はこのことのためにも大いに努めてきたのです。

使11・27－30

その頃、預言者たちがエルサレムからアンティオキアに下って来た。その一人であるアガポと言う者が立って、世界中に大飢饉が起こると霊によって予告したが、果たしてそれはクラウディウス帝の時に起こった。そこで、弟子たちはそれぞれの力に応じて、ユダヤに住むきょうだいたちに援助の品を送ることに決めた。そして、それを実行し、バルナバとサウロに託して長老たちに届けた。

パウロの第二回のエルサレム訪問の目的は、パウロ自身の証言によれば異邦人に割礼を要求しない自分たちの異邦人伝道の正当性をエルサレムの主だった指導者たちに認めてもらうためであり、エルサレム教会への支援はいわばその見返りとして要請された形になっています。しかし使徒言行録ではパウロ上京の目的は、飢饉に苦しむエルサレム教会の支援のためだけとなっており、割礼問題についてはまったく触れられていません。むしろそれは、パウロの第三回のエルサレム上京の目的でした（使15章）。そしてバウルが特に注目するのは、エルサレムで異邦人伝道についての取り決めがなされた後に起こったアンティオキアでのパウロとペトロとの衝突（ガラ２・11－14）について、使徒言行録には全く書かれていないことです。バウルは、使徒言行録はこの件について意図的に沈黙したのだろうと示唆します。[1] パウロはこの時にペトロだけでなく、盟友のバルナバとも衝突しています。使徒言行録でもエルサレム会議のすぐ後にパウロはバルナバと袂を分かっていますが、それはマルコを伝道旅行につれていくかどうかについて見解が分かれたためだとされていて、アンティオキアでの衝突については言及されていません（使15・36－41）。

こうしたパウロ書簡と使徒言行録との食い違いは他にも数多くありますが、バウルはかなり詳細にこれらを指摘しています。しかし、バウルの目的はこうした違いそのものに着目することではなく、その違いを生み出した聖書記者の意図を明らかにすることでした。バウルによれば、使徒言行録の著者であるルカはパウロとエルサレム教会の指導者たちとの対立や軋轢を赤裸々に描こうとはせず、むしろパウロがエルサレム教会の権威の下で活動していたという前提でパウロの活躍を記述したというのです。[2] 実際、使徒言行録では例外的なケースを除いて（使14・4、14）パウロが「使徒」とは呼ばれていないことは示唆的です。ルカの観点からは「使徒職」に就くのはイエスの公生涯を初めから目撃した弟子たちであり（使1・21－22）、厳密に言えばパウロはその範疇には入らないからです。

一方、パウロ自身の書簡では、パウロは自らがエルサレム教会のおもだった人々とも対等であり、自分は主イエスから直接遣わされ、主イエスにのみ責任を負う独立した「使徒」なのだと繰り返し主張します（ガラ２・６、Ⅱコリ11・16－23も参照）。他方でパウロは、自分の集めた献金がエルサレム教会の人々から受け入れられるのかどうかについて、不安を吐露しています（ロマ

15・31)。このように、パウロ自身の手紙からは彼とエルサレム教会との関係は必ずしも良好ではなかったことが窺われます。歴史的にはパウロ書簡の証言を重視すべきでしょう。では、パウロとエルサレム教会などの（少なくとも一部の）ユダヤ人キリスト者たちとの緊張関係を生み出した争点とは何だったのでしょうか？　それは、救いのために「行い」が必要かどうかというような抽象的な救済論をめぐる見解の相違からではありませんでした。むしろ、バウルが端的に指摘するように「問題は、異邦人は異邦人のままで直接キリスト者になることができるのか、あるいはユダヤ人になることを通じて、ユダヤ教を介してのみキリスト者になることができるのか」[3]、という点にありました。この洞察はまさにＮＰＰが強調しているところですが、ここではバウルはＮＰＰを先取りしています。バウルの特徴は、このパウロとエルサレム教会との対立を、個人的なものというより「**ヘレニズム的キリスト教**」対「**ヘブライズム（ユダヤ）的キリスト教**」という、原始キリスト教内の二つのグループ間の相克の表れとして捉えたことです。そしてこうした見方は、ドイツ聖書学の主流の見解になっていきます。

　パウロの洞察について、以下では著者の私見も交えながらさらに考えてみましょう。パウロの

1　Cf. F. C. Baur. *Paul the Apostle of Jesus Christ: His Life and Works, His Epistles and Teachings* (Translated from the original German. Grand Rapids: Baker Academic, 2011), Vol.1, 134.

2　Cf. ibid., Vol.1, 29–32.

3　Ibid., Vol.1, 125–6.［拙訳］

義認論が生まれた背景を考える際に忘れてはならないのは、ユダヤ人中心のエルサレム教会と多数の異邦人を抱えるアンティオキアのような教会との間には、その置かれた社会環境の違いからどうしても軋轢が生じざるを得なかったということです。エルサレム教会は、ユダヤ人共同体のいわば本丸のただ中に存在する異分子でした。原始キリスト教会のユダヤ人キリスト者たちが同胞であるユダヤ人たちから信頼を勝ち取るためには、モーセ律法を厳守することは必須の条件でした。実際、エルサレム教会の指導者であった主の兄弟ヤコブは、ファリサイ派の人々から高い尊敬を受けるほど律法を厳守していました。[4] ヤコブたちがパウロの異邦人伝道について、異邦人信徒たちにモーセ律法の遵守を求めなかったからといって、ユダヤ人キリスト者にも同じようにモーセ律法の要求を緩めることなど考えられないことでした。[5] そんなことをしたら、「キリスト教徒たちは神の戒めを破ってよいと教えている」との風評がユダヤ人社会に広まり、エルサレム教会の信徒たちはそれこそ村八分にされてしまったことでしょう。このように律法を守ることが死活問題だったエルサレム教会のユダヤ人キリスト者たちにとって、多くの異邦人信徒を抱えるアンティオキア教会を訪問した場合、いくら同じくイエスを信仰しているとはいえモーセ律法の食事規定を守っていない異邦人信徒たちと一緒に食事をすることは大きなリスクを伴いました。エルサレム教会の信徒たちが異邦人の地ではモーセ律法の食事規定を破っているという風評が広がれば、エルサレム教会にも大きな痛手になってしまうからです。彼らとの連帯を重視するペトロも、異邦人信徒たちとの共食を続けることを断念しました。ペトロの取った行動は、先にパウロたちとエルサレムで交わした約束を違えたわけではないことに注意が必要です。先の会談で決まったのは、異邦人信徒たちに割礼などのモーセ律法の遵守を求めないことであり（ガラ２・１－10）、ユダヤ人信徒は異邦人信徒との交わりのためにモーセ律法の一部を断念しなければならない、などということは話し合われていなかったからです。

しかし、異邦人伝道に使命を持つパウロからすれば、エルサレム教会の人々や、彼らに影響されたペトロやバルナバが異邦人信徒たちとの共食を控えることは裏切り以外の何物でもありませんでした（ガラ２・11－14）。ペトロの行動を認めてしまったなら、アンティオキア教会の異邦人信徒たちがペテロら有力なユダヤ人指導者たちとの親しい交わりを持ち続けるためには、割礼を受けてモーセの律法を守ってユダヤ人のように生活するほかなくなります。つまり、ユダヤ人使徒たちから完全に受け入れてもらうためには、「キリストを信じるだけ」では足りず、「モーセ律法を守る」ことが必要になるのです。[6] このような事情を踏まえれば、パウロが信仰義認をめぐる議論において「キリストへの信仰」と「モーセ律法の実践」を対比させたのは、「信じるだけか」

4　ヨセフス『ユダヤ戦記』20・９・１参照。
5　特にマタイ福音書では、イエスはモーセ律法の要求を緩めることを厳しく戒めていることに注意してください（マタ５・17－20、23・23）。
6　これを「キリストへの信仰」ではなく、「キリスト自身の信実」と捉える見方については、第八章のリチャード・ヘイズを参照。

と「いや、行いも必要か」という問題意識からではなく、「異邦人のままでいいのか」と「いや、ユダヤ人にならなければいけないのか」という問いをめぐってであった、ということになります。

2　バウルのユダヤ教評価

このように、パウロの信仰義認の主張が生まれた歴史的背景を探っていくことで、宗教改革以降の「行い」対「行いなしの信仰」という図式から脱し、ユダヤ人と異邦人との人種問題という視点から義認論を捉えていくことにつながります。しかし、バウルのパウロ理解はこの方向へは向かいませんでした。バウルはパウロの時代のユダヤ教を評してこのように記しています。

律法の遵守を主張する宗教の危険性は、その行動が心の在り様から切り離されたときに最も強く露呈する。単に外面的で形式的な行動が、それ自体で本物の宗教的価値があるかのように見なされるかもしれない。この点において、宗教のあらゆる歴史の中でも最も悪名高い現象は、ユダヤ人の宗教における律法的形式主義、行いによる聖性、事効的効力（*opus operatum*）である。[7]

バウルはユダヤ教の問題点を形骸化した外的行為に重きを置く点にあるとして、パウロのユダヤ教批判の矛先もその点に向けられていたと主張します。

十分に発達したキリスト教徒の良心に最も強い嫌悪感を生じさせるユダヤ教の要素、こうした嫌悪感がパウロに最初に生じたのだが、その要素とはうわべだけの行いへの虚しい自信である。[8]

バウルはプロテスタント教会の伝統的な見方、つまりユダヤ教とは外面的な行いの宗教であるのに対し、キリスト教は内面的な信仰の宗教である、という見方を引き継いでいました。パウロとエルサレム教会との対立の背景にあったのが「行いか、信仰か」というような概念的・抽象的な救済論にあったのではなく、むしろ異邦人は異邦人のままでキリスト教会に迎え入れられるのか、という点にあったことを看破したのはバウルの慧眼でしたが、しかしバウルはユダヤ教そのものへの否定的な見方は改めませんでした。そのためでしょうか、バウルはプロテスタントの伝統に忠実に、「行い（ユダヤ教）」対「信仰（キリスト教）」という構図からパウロの義認論を眺め

7　Baur, op. cit., Vol. 2, 306.［拙訳］　なお、「事効的効力」とは、儀式を執行する者の倫理的状態如何にかかわらず、儀式行為そのものが効力を持つとする立場。
8　Ibid., Vol. 2, 307.［拙訳］

ていました。[9] 次のバウルの言葉は、そのことを端的に示しています。「信仰による義認の教理は、完全に個人の意識の領域の問題である。」[10] バウルの見解には、パウロの義認論の背景に「義とされる、つまり新しい契約のメンバーと見なされるためには、ユダヤ人になる必要があるのか」という共同体形成に関する問いがあるというＮＰＰの洞察は認められません。したがって、バウルの研究がＮＰＰの重要な道備えとなったのは確かですが、同時にバウル自身の見解はＮＰＰの批判の対象ともなっているのです。

9　Ibid., Vol. 2, 182 参照。
10　Ibid., Vol. 2, 169.［拙訳］

F. C. バウル

第3章　パウロの神秘主義とはどんなものか
——アルベルト・シュヴァイツァー

1　パウロの神秘主義の背景

アフリカにおける医療活動が評価されてノーベル平和賞（一九五二年）を受賞したアルベルト・シュヴァイツァー（一八七五－一九六五）は著名な新約学者でもありました。彼は特に使徒パウロの「神秘主義」の研究で大きな業績を残しましたが、ＮＰＰの歴史にとっても彼は重要な意味を持つ研究者です。パウロのいわゆる神秘主義の思想的起源はヘレニズムではなく、ユダヤ教の黙示的終末論にあるとシュヴァイツァーは主張しましたが、彼の研究はＥ・Ｐ・サンダースやＮ・Ｔ・ライトにも強い影響を与えています。

では、パウロの神秘主義とはいったい何でしょうか。パウロ書簡を読むと、パウロは自分がキリストと一つなのだという非常に強い意識を持っていたことが伝わってきます。パウロだけでなく、あらゆるキリスト者はキリストと一体である、とりわけ洗礼を通じてキリストと共に死に、またキリストと共によみがえる、ということが語られます。

　生きているのは、もはや私ではありません。キリストが私の内に生きておられるのです。（ガラ2・20）

　私たちは、洗礼によってキリストと共に葬られ、その死にあずかる者となりました。それは、キリストが父の栄光によって死者の中から復活させられたように、私たちも新しい命に生きるためです。私たちがキリストの死と同じ状態になったとすれば、復活についても同じ状態になるでしょう。（ロマ6・4－5）

　キリストがあなたがたの内におられるならば、体は罪によって死んでいても、霊は義によって命となっています。（ロマ8・10）

A. シュヴァイツァー

　キリストと一つであるという、このようなパウロの言説は「キリストとの神秘的結合」と呼ばれますが、このような意識あるいは思想はどこから来たのか、その神学的ルーツは何なのか、という問いはパウロ研究者たちの関心を集めてきました。聖なる儀式を通じて、神的な存在と一つになるという宗教意識は古代世界に広く認められるものでした。こうした古代の神秘的な宗教について、シュヴァイツァーは次のように述べています。

もっと発展した魔術的神秘主義は、紀元一世紀初頭のオリエントやギリシアの密儀宗教の中に見出せる。アッティス、オシリス、ミトラの各宗教、そして後にさらに深遠な形態を取ったエレウシスの秘儀において、信仰者は入信儀礼を通して神的な存在と一体となり、それによって彼が切望する不死に与る者となるのだ。[1]

洗礼（バプテスマ）という入信儀礼を通じてキリストと一つになり、そして不死を獲得するというパウロの教説は、なるほどこのような密儀宗教とよく似ています。そこでパウロの神秘主義の背景にはこうした密儀宗教があるのだという見方が宗教史学派によってなされてきました。しかし、シュヴァイツァーはそのような見方に異を唱えます。シュヴァイツァーの挙げる論拠の中でも、特に注目すべきなのは次の点です。

キリストとの神秘的合一が世界の終わりへの待望と結びついて生じ、そしてそれが宇宙的な出来事に基づいているという事実は、パウロの神秘主義に独特な性格を与える。ヘレニズムの儀礼的な密儀宗教をパウロのそれと近しいものにしようとして、ヘレニズムの密儀宗教における死への期待の中には世界の終わりへの期待がいくらか含まれると示唆する試みは、まったく無意味なものだ。[2]

このように、個人的な神秘主義と宇宙的な終末論とが密接に結びついている点がパウロ神秘主義の特徴であり、それがヘレニズム密儀宗教との決定的な違いであるとシュヴァイツァーは指摘します。そしてシュヴァイツァーは、パウロのこの独特の神秘主義の根底にあるのはユダヤの黙示的な終末待望だと論じます。ユダヤの黙示的終末論とは、この世界を支配する悪の霊的勢力が打倒されて新しい世界が到来するという終末的待望のことです。これをシュヴァイツァーは次のように解説します。

> 終末的視点からは、自然界はそのはかなさだけでなく、悪魔たちや天使たちがそこで力を振るっているという事実によって特徴づけられる。彼らの行使する力がどれほどのものなの

1　Albert Schweitzer, *The Mysticism of Paul the Apostle* (Translated by William Montgomery, Baltimore and London: The Johns Hopkins University Press, 1998), 1.［拙訳］　なお、同書には邦訳があります。『使徒パウロの神秘主義』（武藤一雄・岸田晩節共訳、白水社、一九五七年、一九七三年）。

2　Ibid., 23–4.［拙訳］

かについては、様々な文献によっても十分に明らかではない。ユダヤ的終末論には本物の二元論はないが、ゾロアスター教から強い影響を受けている。創世記6章の、神に反旗を翻した天使たちは、エノク書によれば直ちに制圧されて最後の審判における最終的な裁きまでは幽閉される。しかし、反逆の天使たちと人間の娘たちとの間に生まれた子孫は、終わりの日までこの世界を彷徨う（第一エノク15・8－16・4）。彼らの指導者には様々な名称があるが、しばしばサタン（「告発者」）と同一視される。サタンは元々神の敵ではなく、人間の告発者であり、神はその行動そのものは容認していた。

一般的に、ユダヤ終末論の見方では、世界の悪は悪魔たちに由来する。そうした天的存在は神の許容の中で、神と人間との間に彼ら自身の地位を確立していた。最も明白な意味で、贖いという考えは、メシア的な王国がこの状況に終止符を打つことを意味する。[3]

そうは言っても、パウロの手紙には、悪魔や悪霊などはほとんど登場しないではないか、パウロは本当にこのような黙示的世界観を抱いていたのか、という疑問の声が上がるかもしれません。この点についてシュヴァイツァーは、パウロ神学では擬人化された「死」がサタンのような霊的勢力として捉えられていると指摘します。[4] 後にクリスティアン・ベカーやルイ・マーティンらが唱えるように、[5] パウロのシンボリックな世界観の中では、「罪」と「死」がサタンのような反創造的な霊力として、人間を霊的に拘束し、奴隷化しています。したがって、パウロの語るキリストによる「贖い」とは、人間を「罪」と「死」によって支配される奴隷状態から解放することなのです。さらには、キリストの贖いの対象は人類だけではなく、死に蝕まれている被造世界全体です。それゆえ個人の救いと世界の救いとは関連しあっています。パウロの神秘主義とは、キリストと共に死ぬことで古い自分と古い世界に対して死に、キリストと共によみがえることで新しい自分と新しい世界に生きることです。パウロの次の詩的な言葉がそのことを端的に示しています。

この方を通して、世界は私に対し、また私も世界に対して十字架につけられたのです。
（ガラ6・14）

この世界の救済、あるいは贖いは未だ完成してはいないけれど、新しい世界へと変容していくプロセスはキリストの死と復活の時からすでに始まっています。キリストと神秘的に結ばれている人たち、キリストの死と復活に神秘的な形で参与している人々は、変容しつつある世界と共に

3　Ibid., 55–6.［拙訳］
4　Ibid., 66 参照。
5　Cf. J. Christiaan Beker, *Paul the Apostle: The Triumph of God in Life and Thought* (Philadelphia: Fortress, 1980); J. Louis Martyn, *Galatians* (The Anchor Bible、33A、New Haven & London: Yale University Press, 1997).

新しい人へと造り替えられつつある。これがパウロ神秘主義の要諦です。

世界が人類と共に変容の過程にある、という神秘的な教理全体は、内側から見た贖いという終末的概念に他ならない。イエスの死と復活と共に自然世界が超自然世界へと変容を遂げ始めたということは、その時から［反逆の］天使たちによる支配が過ぎ去りつつあり、メシアの時代が始まっているという考えを別の言い方で表明しているのだ。[6]

キリストと共に死に、また復活するという「キリストとの神秘的結合」とは、キリスト者が生きたまま世界の変容のプロセスの一部になっているということなのです。

2　パウロの神秘主義と信仰義認

キリストの死と復活に神秘的な形で参与することで人は救われるとする、このパウロの独特な救済論は、プロテスタント教会がパウロ神学の中核に据えてきた「信仰による義認」の教理とどのような関係にあるのでしょうか。ＮＰＰにおいては、パウロの信仰義認をユダヤ人と異邦人との民族問題の観点から考えるアプローチが提示されています。さらには、そもそも信仰義認の教理がパウロの救済論の中心にはない、と考えるＮＰＰの提唱者もいます。そのような研究者たちの先駆的存在がシュヴァイツァーです。シュヴァイツァーは、パウロの救済論の中心にあるのは「キリストとの神秘的結合」だと主張し、信仰義認については副次的なものとして扱います。次の一文は、彼の見方を簡潔に要約しています。

したがって、パウロの手紙には罪の赦しについての二つの独立した理解がある。その一つによれば、神はキリストの贖罪死による結果として人を赦す。もう一つの理解によれば、キリストと共に死んでよみがえることを通じて、神は肉と罪とをもろともに滅ぼし、そうしてキリストと共に死んでよみがえった人は神の目には罪なき存在となる。このようにして神は人を赦す。[7]

ここでシュヴァイツァーが語っている「罪の赦しについての二つの独立した理解」については、キリストの死に言及しているローマ書の二つの箇所を比較すると理解しやすくなるでしょう。

神はこのイエスを、真実による、またその血による贖いの座とされました。（ロマ3・25）

6　Schweitzer, op. cit., 112.［拙訳］
7　Ibid., 223.［拙訳］

つまり、神は御子を、罪のために、罪深い肉と同じ姿で世に遣わし、肉において罪を処罰されたのです。（ロマ８・３）

この二つのイエスの死についての記述は、非常に異なる角度からキリストの死の意味を説明しています。シュヴァイツァーが指摘するように、[8]ローマ書３章25節は大贖罪の日（ヨム・キップール）での至聖所（神殿の最奥部）における罪のための献げものの儀式をその背景としています。その日、年に一度だけユダヤ教の大祭司は神殿の至聖所に入ることが許され、契約の箱の上蓋である「贖いの座」に犠牲獣の血が降り注がれます（レビ記16章）。この厳粛な儀式を通じて、すべての罪からの清めが成し遂げられます。パウロはここで、象徴的にキリストを「贖いの座」であるのと同時に犠牲となる献げもの（サクリファイス）と見立て、この大贖罪のイメージを喚起しています。なぜキリストが贖いの場所（贖いの座）であると同時に贖いのための犠牲（罪のための献げもの）となることができるのか、という問いに対しては、これは表象的な世界観の中での表現であり、それを文字通りに取ると訳が分からなくなる、とだけ述べておきましょう。実際、パウロによるとキリスト者は「生けるいけにえ（献げもの）」であると同時に「神の神殿」でもあるのですから（ロマ12・1、Ｉコリ６・19参照）。シュヴァイツァーは、このユダヤ神殿祭儀を背景とする贖罪思想はパウロ特有のものではなく、原始教会で広く共有されていたものだろうと見ています。キリストが、いわば究極の大贖罪の日を成し遂げたことで、キリストを信じる者たちはその罪が赦され、義とされる、これがローマ書3章25節で展開される「信仰義認」の考え方です。

それに対し、ローマ書8章3節におけるキリストの死の理解はパウロ特有のものであり、シュヴァイツァーはこちらの方こそがパウロの救済論の中核にあるものだと論じます。ここでは特に「肉において罪を処罰されたのです」という一節が注目されます。プロテスタント神学には「代償刑罰説」というキリストの十字架理解がありますが、ここでパウロが語っているのは代償刑罰説ではありません。代償刑罰説というのは、神は人類に守るべき法律を与えていて、人間はこの神の法律を完全に遵守しなければならない、という前提からキリストの死を理解しようとする立場です。厳格な裁判官である神は、神の法律を破った人間に厳正な刑罰を与えなければなりません。すべての人間は神の法を犯し、したがってすべての人間は死刑（あるいは永遠の滅び）という刑罰を受けなければならないことになります。そこで神は、罪なき無辜の御子イエス・キリストを全人類の身代わりとして死刑に処し、その身代わりの死を信じた人々を救うことにしました。このようにキリストの十字架刑を解釈することを代償刑罰説と呼びます。しかしパウロはここで、神はイエスではなく、イエスの肉において「罪」を処罰したと語っています。つまり、処罰されたのは「罪」なのです。しかも、ここで言われている「罪」とは人間が犯す個々の法律違反のこ

8　Ibid., 217 参照。

とではなく、むしろ人間の「肉」に住み着き、人間を奴隷のように使役して悪へと向かわせる霊的な力のことを言っています。パウロがローマ書7章で語っている「罪」がまさにそれです。

私は、自分のしていることが分かりません。自分が望むことを行わず、かえって憎んでいることをしているからです。もし、望まないことをしているとすれば、律法を善いものとして認めているわけです。ですから、それを行っているのは、もはや私ではなく、私の中に住んでいる罪なのです。（ロマ7・15－17）

この「それを行っているのは、もはや私ではなく、私の中に住んでいる罪なのです」という奇妙な言い方が示すように、「罪」はいわば人間の肉体に寄生し、宿主である人間をその影響下に置いて奴隷化し、その人が本当は望んではいない悪を行わせるという、そのような霊的存在として描かれています。パウロによれば、神はイエスの肉において、人々の肉に住み着くこの「罪」を罰し、そうすることで人間を「罪」の支配から解放しました。キリストと共に死んでよみがえる者は、このキリストの成し遂げた解放、あるいは贖いに与ることができます。シュヴァイツァーは、この神秘的な救済理解こそパウロの救済論の中核にあると論じました。

このような救済理解は、プロテスタント教会ではあまり馴染みのないものかもしれません。しかし、古代教会教父の神学、また古代教会の神学を継承しているとされるギリシア正教をはじめとする東方正教会では、むしろこうした理解の方が正統とされているのです。したがって、シュヴァイツァーの見方はプロテスタント教会よりも東方正教会に近いと言えるでしょう。そしてシュヴァイツァーの理解はＮＰＰの提唱者たちにも非常に大きな影響を与えました。Ｅ・Ｐ・サンダースの参与的終末論（participationist eschatology）は、シュヴァイツァーの見解を承継したものです。さらには、シュヴァイツァーは今日のパウロ研究における重要な潮流の一つである「黙示的パウロ」研究の草分け的存在として高く評価されているのです。[9]

9　「黙示的パウロ」とは、ユダヤ黙示思想の観点からパウロ神学を研究する立場。「黙示的パウロ」研究の最新の成果については、Ben C. Blackwell, John K. Goodrich, and Jason Maston ed. *Paul and the Apocalyptic Imagination* (Minneapolis: Fortress, 2016) を参照。

第4章　ユダヤ人としての使徒パウロ
――W・D・デイヴィス

1　デイヴィスのユダヤ教理解

一九四八年は新約聖書学の歴史において画期的な年でした。まず、ヘブライ大学やアメリカ・オリエント研究所の研究者たちによって「死海文書」の発見の第一報が世界にもたらされ、それによって「第二神殿期」と呼ばれる時代の参照可能な文献は、一気に膨れ上がっていくことになります。死海文書の研究が進展するにつれ、新約聖書の背景となるユダヤ世界についてより多くのことが分かるようになり、二〇世紀後半の新約聖書学は甚大な影響を受けることになります。NPPの進展にとっても、死海文書の発見は極めて大きな意味を持っています。なぜなら、先に指摘したように、NPPの第一の目的はイエスやパウロの時代のユダヤ教を問い直すことにあるからです。この年には二つの極めて重要な研究作品が公表されています。その一つが二〇世紀におけるドイツ聖書学の巨人、ルドルフ・ブルトマン（一八八四－一九七六）による『新約聖書神学』（*Theologie des Neuen Testaments*）です[1]。既にその名声を確立していたブルトマンが、自らの神学の総決算として発表したのが同書です。ブルトマンについては日本では既に十分に紹介されているので、ここでの解説は最小限にとどめますが、この書で特徴的なのは『新約聖書神学』と銘打たれながら、そこで取り上げられている神学のほとんどがパウロ書簡とヨハネ福音書に関するものだということです。同書の冒頭のブルトマンの有名な言葉は、彼の新約聖書神学に対する独特のアプローチを鮮明に言い表しています。「イエスの告知は新約聖書神学の諸前提に属するのであって、新約聖書神学自体の一部ではない。」[2]このブルトマンの言葉を多少思い切って説明すれば、こう言えるでしょう。すなわち、イエスの告知とは、「神の王国（支配）」の到来が目前に迫っており、その到来によって宇宙的な大激変とそれに続く世界審判が起こるというものだったが、新約聖書神学の主たる関心はこのイエスの告知そのものよりも、その告知者であるイエスの死と復活の救済的意義の解明に向かったのだと。ブルトマンによれば、キリスト教会はユダヤ教から生まれ、当初は自らをユダヤ教とは区別していなかったのですが、ヘレニズム文化の影響を強く受けるようになってから大きく変質していきました。「伝道を推し進めたのは、最初は旧約聖書的・ユダヤ的伝統に由来する神学的モティーフと概念であった。しかし非常にすみやかにヘレニ

1　Rudolf Bultmann, *Theologie des Neuen Testaments* (Tübingen: J. C. B. Mohr, 1948–1953).
2　ルドルフ・ブルトマン『新約聖書神学Ⅰ：新約聖書神学の前提と動機』（川端純四郎訳、新教出版社、一九六三年）、三頁（強調は原著のもの）。

ズム的混合宗教、特に密儀教に由来する観念や概念が有力になる。」[3]ブルトマンがパウロ書簡とヨハネ福音書の研究に集中したのは、パウロとヨハネこそキリスト教のヘレニズム化を推進した最初期のキリスト教神学者だったと見ていたからでした。

さて、その同じ一九四八年に、英語圏からも非常に重要なパウロ神学の研究書が公表されました。それはブルトマンとは大きく異なる古代ユダヤ教理解、そしてパウロ理解に基づく書で、それがウイリアム・デイビッド・デイヴィス（一九一一－二〇〇一）による『パウロとラビ的ユダヤ教』（*Paul and Rabbinic Judaism*）[4]です。同書は発表当初、英語圏以外ではそれほど大きな注目を集めませんでしたが、後のＮＰＰを生み出したという意味では、ブルトマンの『新約聖書神学』に匹敵する重要性を持つ著作です。デイヴィスが本書で成し遂げたのは、ユダヤ教についての二項対立的な思考の克服です。デイヴィスは、ドイツの宗教史学派が伝統的に提唱してきた「ヘブライズム（ユダヤ）的キリスト教」対「ヘレニズム的キリスト教」という二項対立の背後にある「ヘブライズム」対「ヘレニズム」という図式が果たして妥当なものなのか、という問いを提起しました。このような二項対立の枠組みの中でパウロが「ユダヤ的」か「ヘレニズム的」か、ということが論じられてきたのですが、ユダヤ文化もヘレニズム文化も互いに影響を与え合っており、それらをきれいに分類することはできない、とデイヴィスは指摘しました。ユダヤ教とヘレニズムが互いに影響を与え合っていたという事実は、一九五九年に発表されたチェリコヴァーの『ヘレニズム文明とユダヤ人』[5]という書で詳細に論証されることになりますが、一九四八年の時点でこれを指摘したのはデイヴィスの慧眼だと言えるでしょう。デイヴィスはさらに、「ユダヤ教」そのものの二項対立的な捉え方にも疑義を呈します。それは、ユダヤ教の中に律法を重視する「ファリサイ派」と終末思想を重視する「黙示的ユダヤ教」という二項対立があったとする見方です。[6] デイヴィスは次のように指摘します。

サドカイ派にとって黙示的教えはいくぶん愚かしいものだったことに疑いはないが、ファリサイ主義が黙示的教えをそのように尊大には扱わなかったと考えられる根拠がある。ファリサイ派における復活の教理の強調（この教理は黙示学派から生まれてきた）、ファリサイ派の来るべき世と王であるメシアへの関心、これらからすれば、ファリサイ派が黙示的な影

3　前掲書、一〇七頁。

4　W. D. Davies, *Paul and Rabbinic Judaism* (Philadelphia: Fortress, 1948).

5　Victor Tcherikover, *Hellenistic Civilization and the Jews* (Philadelphia: Jewish Publication Society of America, 1959).

6　黙示文学の専門家たちは、「黙示的」(apocalyptic) という言葉を文学ジャンルを表す言葉としてのみ用いるようになっています。「黙示思想」なるものはあまりにも多様な思想を含むので、それを正確に定義すること自体が極めて困難だとされます。ここでデイヴィスは「黙示的」という言葉を、天上世界や終末への高い関心といった、黙示文学が高い関心を示す一群のテーマを表す用語として用いています。

響を全く受けたかったとは信じがたい。[7]

二度のローマへの反乱に敗れたユダヤ人たちは、メシア待望を引き起こす黙示的終末観に対して強く警戒するようになりました。[8] それゆえラビ的ユダヤ教は、黙示文学を拒絶しました。しかし、それ以前の第二神殿期において黙示的世界観はユダヤ教の各グループに広く影響を及ぼしていたことをデイヴィスは指摘します。その後、死海文書の発見によって黙示的世界観の甚大な影響が明らかになり、デイヴィスの着想の正しさはここでも立証されることになります。デイヴィスは、パウロの神学的な土壌はパレスティナのユダヤ教にあると考えましたが、そのパレスティナのユダヤ教そのものがヘレニズムの影響も、また黙示文学の影響をも柔軟に吸収していた、ということです。

デイヴィスがパウロ研究において大きな貢献を果たすことができたのは、第二神殿時代のユダヤ教を深く理解していたためでした。彼が第二神殿期のユダヤ教に通じていた理由の一つはその教育的背景にあります。デイヴィスはケンブリッジ大学で博士論文を執筆しましたが、その指導教授がイギリス聖書学の師父とも言うべきＣ・Ｈ・ドッドと、ラビ文献に精通したユダヤ人学者のデイビット・ダウブでした。ダウブはナチス・ドイツのユダヤ人迫害を逃れて、ケンブリッジで教鞭を執っていました。そのダウブからユダヤ教について多くを学ぶことにより、当時の新約学界で支配的だったユダヤ教に対する否定的な見方をデイヴィスは批判的に再検証することができたのです。

2　ユダヤ的背景から理解されるパウロの救済理解

デイヴィスの提示するパウロ理解は、当時のパウロ学者たちの主流の見方と比較することでいっそう際立ちます。パウロ神学の中でもひときわ目を引くのが、「キリストと共に死に、キリストと共によみがえる」という独特の救済観です（特にロマ6章）。この救済観の思想的背景について、ブゼットやブルトマンらドイツの学統にある学者はヘレニズムの密儀宗教の影響を指摘してきました。アッティス、オシリス、ディオニュソスなどのギリシアやエジプトの神々は死んで再生する存在だとされ、彼らとの神秘的な結合を果たすことで、人も「神化」できると信じられてきました。そのための神秘的な儀式が執り行われていましたが、パウロのバプテスマ理解にもその影響がみられると論じられてきました。デイヴィスはこのような見方に異を唱えます。この点は先の章で紹介したシュヴァイツァーも同じですが、デイヴィスのアプローチは彼とも大きく異なります。デイヴィスが特に強調したのが、パウロの「キリストにある（エン・クリストー）」と

7　Davies, op. cit., 10.［拙訳］
8　N・T・ライト『新約聖書と神の民（上巻）』（山口希生訳、新教出版社、二〇一五年）、三五三－七、五四三－六六頁を参照。

いう特徴的な表現の共同体的、社会的側面です。パウロの「キリストにある」という表現、キリストとの結合という神学は、極めて個人的なものであると同時に、キリストの一つの体（教会）に結ばれるという意味では本質的に共同体的なものです。密儀宗教が提供するのは個々人の神化であって、真の共同体形成ではありません。では、「キリストと共に死に、キリストと共によみがえる」の思想的ルーツが密儀宗教にないのならば、どこに見出せるのでしょうか。デイヴィスは次のように論じます。

人が「キリストにある ἐν Χριστῷ」こと、キリストと共に死んで再びよみがえるようになるためのプロセスは、ユダヤ人共同体におけるメンバーシップが（少なくとも観念的に）得られるプロセスによって明らかにされる。あらゆる宗教の本質に迫るための最善の導き役は祭儀である。ユダヤ人であることの真の意味を理解するためにはユダヤ教の祭儀に目を向ける必要があり、そして私たちの目的のためには特に過越祭に目を向けねばならない。[9]

過越祭の目的は、いにしえの出エジプトの出来事を繰り返す（再演する）ことにあります。イスラエル人の祖先がエジプトの奴隷状態から贖い出された過越の出来事に参与し、彼らの体験を自分自身のものとする、それが過越祭の目的です。またそれは、自らがイスラエル共同体の一員であるというアイデンティティの確認のための儀式でもあります。それゆえ過越祭はイスラエル民族にとって最も喜ばしく、最も重要な祭りでした。
　そしてパウロがキリスト者の生活を過越祭になぞらえていることの重要性をデイヴィスは指摘します。第一コリント5章6－8節、10章1節以降、15章20節、第二コリント3章11節を例に引き、デイヴィスはこう主張しています。

　だから、キリスト者個人がキリストの人生をあたかも自分自身の体験のように再演することを通じてキリストと共に死んでそして共によみがえるというパウロの着想が、過越の祭儀によって示されるものと同じ思想世界に由来する、と言うのは可能なのだ。過越祭では歴史的な出来事が個々のイスラエル人にとって自分のものとなることが求められる。真のユダヤ人とは民族の歴史を自らの歴史とする者であるように、キリスト者とはキリストの歴史を自らの歴史とする者なのである。[10]

パウロにとってのキリストの出来事とは「新しい出エジプト」だということです。古代イスラエル人がエジプトの奴隷状態から贖い出されたように、キリスト者もキリストと共に死んでよみ

9　Davies, op. cit., 102.［拙訳］
10　Ibid., 107.［拙訳］

がえることで「死」と「罪」の支配から贖い出される、これがパウロの救済理解の中心にあるというのがデイヴィスの見立てでした。

3 「罪の赦し」について

デイヴィスのユダヤ教への深い理解は、「罪の赦し」という根本的なテーマにも新たな光を当てます。代償刑罰説を重視するプロテスタント神学においては、しばしばキリストの死による「罪の赦し」のメカニズムを次のように説明してきました。ユダヤ教の神殿祭儀において、犠牲獣は人間の身代わりとして殺される。そして罪人たる人間が受けるべき死罪を犠牲獣が代わりに引き受けることで、その人は罪の罰を免れることができる、というものです。イエス・キリストは十字架刑により、神殿で屠殺される犠牲獣のように殺され、その死によって人類への死刑という刑罰を肩代わりしたとされます。[11] このような観点から見る場合、罪（の罰から）の赦しはイエスが十字架上で身代わりとして処刑されることで完結するはずです。しかしデイヴィスは、ユダヤ教の神殿祭儀による「罪の赦し」はこのようにして成し遂げられるのではないと指摘します。

代償刑罰説の考え方をユダヤ教神殿祭儀に当てはめてしまうことの弊害は、神殿祭儀においては動物の「死」そのものが贖いを成し遂げるかのように理解されることですが、それは大きな誤解です。そもそも、神殿祭儀において動物は人間の身代わりで死罪になるのではありません。レビ記の「罪の赦しのための献げもの」の規定を読めば分かるように、ここで赦される罪とは「誤って犯した罪」、つまり過失の罪です（レビ4・1、13、22、27等参照）。過失は死罪になるような罪ではないため、そのような罪のために屠られる動物が死罪の身代わりになるというのは道理に合いません。反対に過失ではなく故意に犯した罪の場合には、動物犠牲によって罪が赦されるという救済の道はありません。「その者は主の言葉を侮り、その戒めを破ったのであるから、必ず絶たれ、有罪とされる」（民15・31）。ですから死罪の人に代わって動物が殺されるという考え方は、聖書そのものからは出てこない見方なのです。また、生ける神がなによりも嫌うものは死です。ユダヤ教の大祭司が身内の家族の葬儀にすら加わることが許されなかったのは（レビ21・10－11）、神が死を嫌われるので、大祭司が死の穢れを帯びてしまうと神殿での祭儀を執り行うことが不可能になるからです。したがって、死を神に献げることによって、（死を嫌う）神を満足させるということなど名辞矛盾です。神が誰の死をも喜ばないというのは預言者たちも明確に言い表していることです（エゼ18・32）。これに対し、実際に家畜動物は神殿の中で屠られるのだから神殿祭儀において死は中心的な要素ではないか、という疑問の声が上がるでしょう。そのような疑問について、旧約聖書学者のロイ・ゲインは次のように述べています。「イスラエルの動物供犠におい

11　このような見方の典型的な例として、Leon Morris, *The Cross in the New Testament* (Devon: Paternoster. 1965), 219.

て、犠牲獣が屠られるのはその血と体を用いるためだが、屠殺行為そのものは神聖さという観点からはあまり価値のないものなのだ。[12]」神への献げもののプロセスにおいて最も重要な場所である祭壇で、家畜動物が屠られることはありません。むしろ神殿の入口というさほど重要ではない場所で屠られるのであり、それは献げもののプロセスの出発点ではあっても、動物を屠るだけで罪の赦しの儀式が完結することは決してありません。確かに神殿祭儀において動物の死はそのプロセスの一部ではありますが、中心にはありません。むしろ動物の死は、その後に執り行われる中核的な行為のための準備手続きなのです。そして罪の赦しは、動物の肉を燃やすことで神に喜ばれる香ばしい宥めの香りを祭壇から主に献げることと、罪を清める力を持つ「命」である血を祭壇に降り注ぐことによって成し遂げられます。次のレビ記の言葉がそれを端的に示しています。

肉なるものの命、それは血にある。私はあなたがたの命の贖いをするために、祭壇でそれをあなたがたに与えた。血が命に代わって贖うのである。（レビ17・11）

神殿祭儀で屠られる動物は神への聖なる「献げもの」であり、その動物の死ではなく命が神に献げられます。そして動物の命を表すもの、いや命そのものである血が神に献げられるのです。

血を注ぎだすことで命が解き放たれ、そしてその命を神に献げることで、礼拝者は彼と神との間の疎外関係が解消され、また神と人とを分け隔てる汚れが清められると信じたのである。[13]

デイヴィスはこのようなユダヤ教の祭儀理解に基づき、パウロが「キリストの血」に言及する場合、それが単にキリストの死の換喩として使われているにすぎないとする学説を批判します。

パウロの用いる「血」という言葉が「死」以上のものを示唆している、というのは正当なことだ。その言葉には「命」という積極的な含意もあるのだ。献げもののシステムにおいて犠牲獣の死は命を解き放つために必要な準備段階であり、それ以上のものではない。[14]

このような見方からすれば、パウロの救済論の理解において、キリストの死はキリストの復活の命と分離しては考えられないということになります。キリストによる人類救済の業は、十字架だけで完了したのではなく、復活の命を通じて完成したということです。パウロは、キリストは

12　Roy E. Gane, *Leviticus, Numbers* (Grand Rapids: Zondervan. 2004), 67.〔拙訳〕
13　Davies, op. cit., 235.〔拙訳〕
14　Ibid., 234.〔拙訳〕

信仰者を義とするために復活した（「死んだ」ではなく）と語りますし、またキリストが復活しなければ、人はなおも罪の中にいるとも語ります（ロマ4・25、Ⅰコリ15・17）。つまり、義認や救いのためには、キリストが死ぬだけでは十分ではありません。キリストの「血」が単に死を指すだけでなく、命をも含意しているというデイヴィスの主張はたいへん示唆に富みます。レビ記の祭儀規定の深い理解を踏まえた上での、パウロ神学における「罪の赦し」についての論考は近年の新約学でも大きな注目を集めていますが、[15] この分野でもデイヴィスは先駆的存在なのです。

4　パウロとトーラー（律法）

パウロと当時のユダヤ教との関係を考える上で最も特徴的で重要なポイントは、モーセの律法、「トーラー」に対するパウロの態度です。パウロのトーラーに対する態度は実に複雑です。パウロはトーラーを守ろうとするガラテヤの異邦人キリスト者に、そうすればキリストの恵みを失うとまで警告しますが、同時に彼らに対し「キリストの律法（トーラー）」を全うしなさい、とも励ましています（ガラ5・4、6・2）。パウロはトーラーについて肯定的なことを言う場合もある一方で（ロマ7・12）、極めて否定的なことも語ります（特にガラテヤ書において）。そして、トーラーはユダヤ教にとって非常に重要な位置を占めるので、パウロのトーラー批判はユダヤ教そのものの批判であると受け取られてきました。このため、なぜパウロがトーラーを批判したのかという問いは、彼のユダヤ教への見方を知るうえでぜひとも理解する必要がある事柄なのです。

デイヴィスは、トーラーに対するパウロの見方を非常に肯定的に描いているという点において、当時の学界では異彩を放っていました。このデイヴィスの立場は、後のNPP、そして二一世紀のパウロ研究の一つの方向性を予感させるものです。デイヴィスは「律法」対「福音」、あるいは「行い」対「信仰」というような二項対立によってパウロ神学を理解しようとはしません。むしろ、「モーセのトーラー」と「メシア（キリスト）のトーラー」、そして「モーセのトーラー」と「メシアの御霊」という対比に光を当てました。

まず、「メシアのトーラー（キリストの律法）」ですが、デイヴィスは、ユダヤ教において「トーラー」という言葉が単に掟や法律を意味する言葉ではないことを指摘します。トーラーとは、掟を与える神の性質や性格をも含む意味なので、「神のトーラー」によって明らかにされるのは神の掟のみならず、その掟を与える神ご自身の人格だということです。[16] 同じように、「キリストのトーラー」とは、メシアであるイエスが与えた教えや命令だけでなく、イエス自身の人格や行動、生き方をも指す言葉であると言えます。それゆえパウロが「キリストのトーラーを全うしなさい」ということの中には、「イエスの生き方に倣って生きなさい」という意味も含まれます（I

15　一例として、Christian A. Eberhart, *The Sacrifice of Jesus: Understanding Atonement Biblically* (Minneapolis: Fortress, 2011).
16　Davies, op. cit., 149 参照。

コリ11・1、フィリ2・5などを参照)。

デイヴィスは、パウロが「モーセのトーラー」に対して否定的なことを語る理由の一つとして、「今やキリストのトーラーが現れたので、モーセのトーラーは不要になった」という確信があったと考えます。モーセのトーラーは人間には実行不可能な掟なので、トーラーを守ることで救いを得ようというユダヤ人の不毛な努力をパウロは批判した、ということではありません。律法に関しても、パウロとユダヤ教との間の真の争点は「キリスト論」にあるということです。

次に、「メシアの御霊」について考えてみましょう。ラビ的ユダヤ教においては、罪は「悪の衝動」だと見られていました。[17] この悪の衝動が、人をあらゆる罪、特に性的不品行と偶像礼拝とに駆り立てます。では、人はどうすればこの悪の衝動と対峙し打ち勝つことができるのでしょうか。ユダヤ教は「モーセのトーラー」によって人は悪の衝動に打ち勝つことができると教えました。しかしパウロは、「トーラー」は罪の意識を生じさせるだけで(ロマ3・20)、罪に打ち勝つための有効な手段とはなりえず、悪の衝動に打ち勝つことができるのは「メシアの御霊」なのだと論じます(ガラ4・6、5・16)。ラビ的ユダヤ教も、御霊の重要性を認識していましたが、彼らはメシアの時代が到来するまで御霊の時代は到来しないと信じていました。だがパウロは彼らとは異なり、メシアは既に来たと確信していたのです。この点について、デイヴィスは次のように指摘します。

パウロの思想の複雑さについて、信仰義認がその中核にあるのだと早急に結論づけしてしまうのは過度の単純化であり、歪曲ですらある。私たちが明確にすべきことは、パウロの思想の中心にあるのが古いトーラーへの攻撃ではなく、キリストの到来によって来るべき世は今や事実となったのだ、という認識にあるということだ。来るべき世が到来したのが事実であるということの証拠は、御霊の降臨にある。[18]

ここにデイヴィスのパウロ理解のエッセンスが表明されています。パウロとユダヤ教との対立軸は「律法（行い）」対「恵み（信仰）」にあるのではなく、メシアは既に来たのか、それともまだなのか、という点だということにあります。つまり争点は「キリスト論」にあるのです。

5　デイヴィスの影響

デイヴィスは、パウロの神学と当時のユダヤ教を対立的にではなく、調和的に見ることでパウロ研究に新境地をもたらしました。パウロの神学のなかにユダヤ的なルーツを見出すことで、パ

17　Ibid., 21.
18　Ibid., 222–3.［拙訳］

ウロ神学の独自性がむしろはっきりと際立つようになるのです。デイヴィスはＥ・Ｐ・サンダースを指導するなど、後進にも多大な影響をもたらしました。では、サンダースがデイヴィスの説をそのまま忠実に受け継いだかといえば、決してそうではありません。サンダースは、デイヴィスの示した「新しい出エジプト」という救済観はパウロ神学にはない、と示唆しているからです。[19]デイヴィスの見方は、むしろＮ・Ｔ・ライトらに受け継がれています。このように、学者によってデイヴィスからの影響の受け方は様々ですが、デイヴィスの研究がＮＰＰという学問的な流れに決定的な影響を及ぼしたのは間違いありません。

そのデイヴィスに関しても、パウロがユダヤ教をあれほど激しく批判した理由についての説明が十分ではない、という批判がしばしばなされてきました。これは確かに適切な批判であり、まさにこれがＮＰＰの取り組むべき課題となっていくのです。

19　E. P. Sanders, *Paul and Palestinian Judaism* (Mineapolis: Fortress, 1977), 512–3.

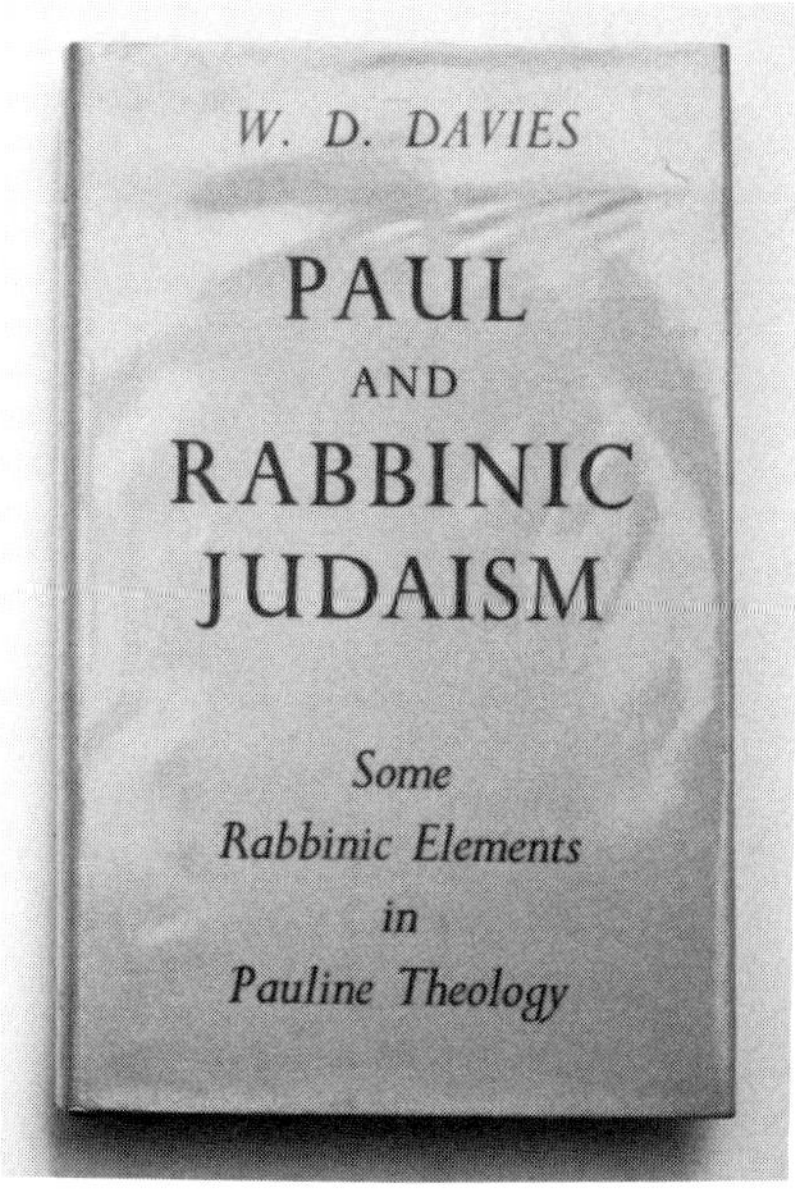

デイヴィスの『パウロとラビ的ユダヤ教』

第5章　「罪」に打ち勝つ「神の義」
――エルンスト・ケーゼマン

E. ケーゼマン

1　「神の義」について

エルンスト・ケーゼマン（一九〇六―一九九八）は二〇世紀を代表するドイツの新約聖書学者の一人であり、日本でも広く紹介されてきました。NPPは英語圏発の神学的潮流ですが、パウルの場合にも指摘したように、ドイツ語圏の学者も重要な貢献をしており、中でもケーゼマンは大きな役割を果たしています。本書第1章では、NPPが生まれた背景としてホロコーストの衝撃があったことを挙げましたが、ケーゼマンはまさにその渦中にいた人物で、ゲシュタポに拘束された経験を持っています。ケーゼマンはブルトマンの高弟の一人でしたが、ブルトマンの個人主義的・実存的キリスト教理解ではナチス・ドイツのような構造的な罪・悪には対峙できないとし、福音の持つ政治的・社会的な意味合いを回復しようとしました。

ケーゼマンの提起するパウロ神学は壮大なスケールを持ち、キリストの出来事がもたらしたのは個人の罪の赦しに留まらず、反創造的な宇宙的諸力（罪・死・サタン）への神の勝利であったということを強調しました。この意味で彼は第3章で取り上げたシュヴァイツァーの系譜に連なる、ユダヤ黙示思想を重視した学者だと言えます。ここで、いわゆる「黙示的」視点についておさらいしてみましょう。人間が自由な存在であることを強調する立場から見れば、人間は自分の思い通りに善や悪を選択することができます。このような人間観に立つ場合、悪を選択して行ってしまった人間の責任は完全にその人にあり、その際に必要なのはその過ちが赦されることです。しかし、パウロはもっと悲惨な人間の状態を思い描いていたように見えます。パウロによれば、人間は自由な存在というよりも「奴隷」です。人間は「罪」という名の悪魔的な力に支配されており（この場合の「罪」は、意思を持つ自律的な存在として理解されます）、自分の願う善を行うことができずに、かえって望まない悪を行ってしまいます。この「罪」の支配を打ち砕き、悲惨な奴隷状態に置かれた人間を解放したのがキリストの出来事だった、という神学的思想がパウロの書簡には認められますが、[1]ケーゼマンはそこに光を当てたのです。ケーゼマンは、このような人間解放のドラマが展開されるローマ書5章以降の内容について、次のように記しています。

アダムとキリスト、死と命という二つの領域は、二者択一的、排他的なものであり、究極

1 山口希生「宇宙的な力としての罪」（『福音主義神学』四八号、二〇一七年）参照。

的には分離される。この分離は全世界的な規模の広がりを持つ。古い世界と新しい世界とが問題なのである。この二つの世界との関係において中立であることは誰もできない。第三の選択肢はない。ここでの文体は完全に神話的である。それゆえパウロは明らかに個人の罪過や自然死について語っているのではなく、この世界に侵入してきた罪と死の力について語っているのである。[2]

生まれながらの人間は、「アダム」の世界、つまり「罪」と「死」の支配する世界に生きていますが、キリストによってもたらされた新しい世界は「命」の世界であり、古い世界とは対立するものです。今や人間はそのどちらにつくかの選択を迫られており、中立的な立場にいるのは不可能です。こうしてケーゼマンは、「罪」と「死」の力に対するキリストの勝利という壮大な神話的ドラマの枠組みの中でパウロの語る「神の義」を捉えようとしました。その中でケーゼマンは、彼の母国の偉大な先人であるマルティン・ルターの「神の義」の理解とは異なる方向性を打ち出したのです。

ルターの神学の原点は、ローマ書1章17節に登場する「神の義」の意味を発見したことにあります。初めルターは、この「神の義」という言葉を「人間を公平に裁く神の義」だと理解しました。神は裁判官であり、最後の審判において人間をそれぞれの行いに応じて裁きます。義なる裁判官である神は、義人にはその義に報い、罪人にはその罪に報いなければなりません。しかも、裁判官たる神が人間に求める義の基準は限りなく高く、人間は行いのみならず内面の動機においても完全でなければなりません。けれども、そのような完全性を持つ人間は一人もおらず、全ての人間は神の法廷において有罪・死刑判決を受ける運命にあります。ルターはこの厳格な裁判官である神に恐れおののき、憎しみさえ感じたと言います。ルターは苦悶の末に、厳格な裁判官とは異なる「恵み深い神」を発見し、それと同時にそれまで考えていたのとは全く違う意味の神の義を「発見」しました。それは「公平に裁きを執行する神の正義」ではなく、「神が罪人に無償の贈り物として与えてくださるキリストの義」でした。「神の義」を「キリストの義（あるいは功績）」と読み替えて、このキリストの義のみが「人が神の前に義と認められる」根拠となる、とルターは考えました。

このようにルターは「神の義」を「キリストの義」として解釈し、さらにはその「キリストの義」は信仰者のものとみなされる（転嫁される）としました。このみなし、あるいは転嫁という考え方は分かりづらいかもしれないので、学生が受ける「テスト」という身近な経験をたとえとして用いてみましょう。すべての人は、神から一つのテストを課されています。このテストに合格すれば素晴らしい未来が待っています。しかし、その試験にパスするためには一〇〇点満点を

2　Ernst Käsemann. *Commentary on Romans* (Translated by Geoffrey W. Bromiley. Grand Rapids: Eerdmans, 1980), 147.［拙訳］　なお、同書には邦訳があります。E・ケーゼマン『ローマ人への手紙』（岩本修一訳、日本キリスト教団出版局、一九八〇年）。

取らなければなりません。つまり、一問たりとも誤りは許されないのです。けれども人類の歴史において一〇〇点を取った人は誰もいません。そのテストがあまりにも難しいということがありますが、同時にすべての人には人類の祖先から受け継いだ病があり、このテストに合格できるほどまでに能力を伸ばしきれないという問題も抱えています。しかし、人類史上初めてこの前人未到の難題を突破した人物が現れました。しかもその人物は寛大にも、自らの一〇〇点答案を他の人々の答案と無償で交換してくれる、というのです。他の人々は、その寛大な人から受け取った一〇〇点の答案をあたかも自分の答案であるかのようにみなしてもらうことができ、そうしてこの厳しいテスト（神の審判）に合格することができます。反対にその人は、一〇〇点に満たない他の受験生の答案を自分のものとみなされることで、不合格という不名誉な結果を甘んじて引き受けてくださるというのです。ここでいう一〇〇点満点の答案とは、「イエス・キリストが地上の歩みにおいて達成した完全無欠な義（功績）」であり、私たちの落第点の答案とは「私たちの犯した数々の罪」です。キリストを信じる者は、キリストの完璧な義を自分自身の義としてみなしていただける、これがルターの発見した「神の義」の福音でした。[3] これを神学用語で「転嫁されたキリストの義」(iustitia imputata Christi) と呼ぶのです。ルターは、この「幸いな交換」について次のように記しています。

たとい罪と死とが襲いかかって来ようとも、心はキリストの義が己のものであり、自己の罪がもはや自身のものではなくなってキリストのものであると信じている。[4]

ルターの「神の義＝キリストの義」という理解は、その後のプロテスタント神学のパラダイムとなりました。

けれども、同じドイツ人であるケーゼマンは、ルター的な理解に敬意を払いつつも、それとは異なる「神の義」を提起しました。それには死海文書の発見の影響が少なからぬ影響を与えました。クムランの洞窟から二千年ぶりに発見された文書群により、それまではパウロ独特のものだと思われていた神学的主張が、実際には他のユダヤ人たちによってもなされていたことが明らかになっていったからです。特に、パウロと非常に似た文脈で「神の義」という言葉が使われていたことに学者たちは着目しました。以下はクムランの洞窟から発見された「感謝の詩篇」からの抜粋です。

あなたの慈愛のうちに希望があることを、私は知っています。あなたの大いなる力のうちに期待があることを、私は知っています。あなたの裁きにおいては、誰も義とされることは

3　Martin Luther, *Werke* (Weimar : Hermann Böhlau, 1883 – 2009), 5: 608.

4　マルティン・ルター『キリスト者の自由：聖書への助言』（石原謙訳、岩波書店、一九五五年）、二九頁。

ありません。あなたの法廷においては、（誰も）潔くはありえません。ひとが（他の）ひとより義しいことはあるでしょう。ますら男が［彼の隣人よりも］賢いこともあるでしょう。そして肉なる者が（他の）［粘土の］の造りものよりも重い（こともあるでしょう）。ある霊が（他の）霊よりも力強い（こともあるでしょう）。しかし［あなたの大能は］力において比べるものがありません。[5]

しかし、私は知っています。まことに、義はひとのものではないことを、また完全な道はアダムの子のものではないことを。すべての義なる業は、いと高き神のものであることを。ひとの道は、アダムの子らのために道を完全なものとするために、神が彼のために形造った霊によらなければ、確立されない。[6]

あなたの善によってのみ、人は義とされます。[7]

神の裁きの前に義とされる者は誰もいないこと、そして神の義のみが人を罪から清め、義とすることができること、このような神学的確信はまさにパウロ独自の救済論の核心にあるものだと信じられてきましたが、パウロより前の時代のユダヤ人がそれとよく似た神学的声明を残していたのです。そしてさらに重要なのは、ここで言われている「救いをもたらす神の義」がルターの発見した「人間が義と見做されるために神から与えられる義」ではなく、人間を救うために行動する「神ご自身の義」であるということです。ケーゼマンは、この「感謝の詩篇」で表明されている神学や救済理解が第二神殿時代のユダヤ教の主流の見方であるとは言えないと留保をつけつつも、[8]パウロ以前にもユダヤ教の中にこうした神学的な流れが存在していたという事実を重く受け止めました。そしてケーゼマンは、ルター的な「神の義」の解釈から離れ、主格の属格と呼ばれる意味合いでそれを解釈することを提起したのです。この問題についての論点を整理するために、「神の義」に関する解釈上の選択肢を瞥見しましょう。[9]

a　「神からの義」

神から人間へ与えられる義。しかし、この中にも二つの選択肢があり、それが「転嫁される

5　感謝の詩篇XVII 14–17。引用は、『死海文書VIII　詩篇』（勝村弘也・上村静訳、ぷねうま舎、二〇一八年）より。以下同じ。

6　感謝の詩篇XII 31–32。

7　感謝の詩篇V 33–34。

8　Käsemann, op. cit., 25–6.

9　この問題についての最も優れた研究の一つとして、Alister E. McGrath. *Iustitia Dei: A History of the Christian Doctrine of Justification* (3rd ed. Cambridge: Cambridge University Press, 2005), 72–92 を参照。

義」と「注入される義」です。前者は「神の義（キリストの義）」があたかも信じる者の義であるようにみなされる（実際はそうではない）という意味です。これがルターの立場で、後者は教父アウグスティヌスの見解です。アウグスティヌスによれば、全的堕落の状態にある人間には、神に喜ばれる行いをする力も意志もありません。そこで神は、瀕死の人間に命を与える輸血をするかのように、「神の義」と呼ばれる恵みの力を注入してくださるというのです。そうして人は、神に喜ばれる行いをする力が与えられます。こうした「神の義」の理解の違いは、義認の理解にも大きく影響します。「義とされる」ということの意味が、神の義を注入されることで義なる人に変えられていくことなのか、それとも不義なる状態のままでキリストの義を外側から被せてもらうことで義であると宣言してもらうことなのか、これが宗教改革で特に問題となった点でした。前者は「義化（義なる人に変容させる）」と呼ばれ、後者は「宣義（義であると宣告する）」と呼ばれます。アウグスティヌス以降のカトリックが前者であり、ルター以降のプロテスタントは概ね後者であると言えるでしょう。プロテスタントの立場から見れば、カトリックは「義認」と「聖化」を混同している、ということになります。

ｂ「神ご自身の義」

神ご自身の義。「弱きを助け、強きをくじく」人物が義《ただ》しい人だ、と言われるのと同じような意味合いで、罪深く弱い人間を助け出す神の行動やご性質を指して「神の義」と呼びます。これは神から切り離されて誰かに与えることのできる義ではなく、神のみに属する義、ということになります。ちなみに「神からの義」を発見する前のルターも、この言葉の意味を「神ご自身の義」と捉えていましたが、それは無力な人を救う恵み深い力としての「神の義」ではなく、善に報い、悪を罰する応報的な公正さという意味での「神の義なる性質」でした。

　このような「神の義」についての分類を頭に入れた上で、ケーゼマンの言説を考えてみましょう。ケーゼマンによれば、「神の義」にはキリスト者に与えられる義認の賜物という側面が含まれますが、その賜物は授与者（すなわち神）から決して分離されることはありません。したがって、この賜物を受ける者は神の支配の下に自らを置くことになり、神への忠誠が求められます。それゆえに、義とされるキリスト教徒が持つべき信仰とは信従なのです。このように、「神の義」とは神の力や支配とは切り離すことができない概念なのだとケーゼマンは論じました。

> すなわち、パウロにとって、《神の義》とは、キリストにおいて終末論的に啓示された、世界に対する神の支配である、ということである。ギリシャ語の語源を考慮に入れるならば、次のように言うこともできよう。すなわち、それは神の正義であり、その正義によって神は、神を離れて堕落しておりながら。なお彼の被造物として彼に属し、彼から離れ得ない世界の

中で、自己を貫徹するのである。[10]

ケーゼマンによれば、「神の義」の最も重要な意味とは、宇宙的な諸力である「罪」と「死」の支配下にある世界をご自身のもとへと取り戻す神の力であり、また世界を正す神の正義なのです。ケーゼマンのこの革命的な「神の義」の理解は、新約学界に甚大な影響を及ぼしました。特に、ＮＰＰの主導的な学者であるサンダースやライトへの影響は大きなものがあります。とはいえ、ケーゼマン自身はＮＰＰには必ずしも賛同していたわけではありません。その点を次に見ていきましょう。

2　罪人の義認

(i) クリスター・ステンダール

ケーゼマンのＮＰＰとの係わりは、ＮＰＰの先駆的存在であるクリスター・ステンダール（一九二一－二〇〇八）の有名な論文「使徒パウロと西洋の内省的良心」（The Apostle Paul and the Introspective Conscience of the West）への応答の中に見ることができます。[11] そこで、ケーゼマンの応答について考察する前に、ステンダールの論説を見ていきましょう。

ステンダールは、パウロを典型的な西洋の「内省的な人物」として描くことに反対しました。

パウロは自らの罪深さにずっと悩み苦しんでいた人物であり、キリストの十字架上での死が自らの罪を償うものだったことを知ることで、彼の悩める良心に安らぎがもたらされた、というような理解に疑義を呈しました。それはマルティン・ルターの辿った道ではあっても、パウロのものではなかった、というのです。

ルター以降のプロテスタントの伝統で強調されてきたのは、律法を行うことの「不可能性」です。律法を守ろうとすればするほど、それを守ることができない自らの罪深さに気がつき、その絶望の果てにキリストにある救いを見出します。律法は、守るためにあるというよりも、人間の罪の根深さを示すためにこそあります（ルターの「律法の第二用法」）。では、キリストに出会う前のパウロ（サウロ）は本当に律法の不可能性の前にもがいていたのでしょうか。ステンダールは、復活のキリストとの邂逅前のパウロが自らに関して「律法の義については非のうちどころのない者でした」[12]と語っていることを重視します。自らをこのように語ることができた人間が、果たして良心の呵責に苦しんでいたと言えるのでしょうか。この問いに対しては、しばしばローマ書7章がその反証として挙げられます。「わたしは自分の望む善は行わず、望まない悪を行っていま

10　E・ケーゼマン『新約神学の起源』（渡辺英俊訳、日本基督教出版局、一九七三年）、二六九頁。
11　本論文は、以下に収録されています。Krister Stendahl, *Paul among Jews and Gentiles* (Minneapolis: Fortress, 1976).
12　フィリピ3・6。

す」[13]という言葉は、自らの罪深さに打ちひしがれた男の絞り出すような告白ではないのかと。この独白が、キリストを信じる前のパウロ（サウロ）の状態を表すものなのか、または信じた後のクリスチャンとしての鋭敏な良心を反映したものなのかということが議論されてきました。これについてステンダールは、ここでパウロが取り扱っているのは人間のエゴの問題ではないと指摘します。実際、この独白において良心の呵責は表明されておらず、むしろ「私」は罪の責任から免責されています。「自分が望まないことをしているとすれば、それをしているのは、もはや私ではなく、私の中に住んでいる罪なのです」[14]とあるように、悪を行っているのは「私」ではなく、人間を隷属させる悪魔的な力としての「罪」だからです。それゆえ、7章に登場する「私」が誰であろうと、ここでのテーマが良心の呵責の吐露であるということにはなりえません。

むしろ、7章のテーマは救済史の中での「律法」の位置づけであるとステンダールは論じます。自らが反律法主義者であるかのように見られていることについて、パウロは弁明する必要がありました。ですからパウロは、「律法」の意味をイスラエルの歴史（救済史）の中で解明しようとします。「律法」とはあらゆる時代の万人に適用されるものではなく、神との契約に入ったイスラエルに与えられた特殊で歴史的なものです。ですから、ローマ書7章の「私」も人類全般に当てはまる人物像というよりも、救済史の中で神から律法を与えられたイスラエル人の経験と捉えるべきでしょう。つまりここでの「私」とはパウロの自伝的告白ではなく、イスラエルの民族としての歩みを一人称で語る活喩法（prosopopoeai）だということです。神からイスラエルに与えられたモーセの律法は、聖なる、良いものではありましたが、ユダヤ人一人一人の「肉」において働く「罪」の力に対しては無力でした。それはイスラエルの歴史が証明している通りです。その民族としての嘆きがローマ書７章の「私」の嘆きに凝縮されているということです。

しかし今や、キリストの死と復活を通じてユダヤ人に聖霊が与えられます。聖霊には律法にはできなかったこと、つまり人々を「罪」の支配から解放する力があります。さらにはユダヤ人のみならず、異邦人にもキリストへの信仰を通じて等しく聖霊が与えられる時代が到来しました。人は民族にかかわりなく、御霊に従って歩むことで「肉」の力を克服することができます。したがって、「罪」の力に対しては無力な律法のくびきを異邦人がいまさら負う必要はない、というのがパウロの主張でした。このように、ステンダールによれば、パウロの律法観は神の救済の歴史におけるユダヤ人の体験と、ユダヤ人と異邦人との関係を考察することの中で生み出されたものでした。それゆえステンダールは次のように主張します。

したがって、パウロの思想の核心の少なくとも一つが、神の計画によれば異邦人を教会内でどのように位置づけるべきかという問いであるのは、ごく自然なことなのである。ローマ

13　ローマ７・19。
14　ローマ７・20。

書９－11章は１－８章の付録なのではなく、この書簡のクライマックスなのだ。[15]

(ii) ケーゼマンの応答

ケーゼマンは、パウロの中に西洋的な良心の葛藤を見出そうとするのが時代錯誤であるというステンダールの主張に同意します。[16] しかし、救済史をパウロ神学の中心に置こうとする見方には激しく反対しました。むしろローマ書９－11章におけるパウロの救済史的な展望も、義認論の光の下で読むべきだと主張します。「義認論は、この手紙のその他の部分同様、九－一一章をも支配している。」[17] ケーゼマンによれば、イエスからパウロへと引き継がれた「福音」の本質とは、神なき人々を神の恵みへと招くこと（ケーゼマンはこれを「義認」と呼びます）であり、救済史とはこの義認の恵みが歴史の中で実現していくことを指すのです。

義とされるとは、罪、錯誤、神不在のすべてを乗り越えて創造者が被造物に対して誠実であり続けること――ちょうど放蕩息子に対する父のように――、および創造者が堕落した者、背いた者を新しい被造物へと変え、われわれが誤用した彼の約束を罪と死の世界のただ中において再びたて、成就することを意味する。[18]

ケーゼマンがステンダールの救済史的な見方に強く反発した理由の一つは、彼自身が対峙したナチス・ドイツの歴史観の中に「救済史」的な見方を見出したからでした。すなわち、神から選ばれた民族であるドイツ人が世界を救済に導くという信念です。あらゆる救済史的な見方には、このような選民思想、つまり神から選ばれた少数の人々が世界を救済に導くという毒を含んだ思想が底流しており、そのような選民意識の解毒剤となり得るのが、神は選ばれていないと見なされるような人たちをこそ招く、救うという義認論です。しかし、このような義認理解はマルティン・ルターのそれとはかなり異なっていると言うことができるでしょう。ケーゼマンをＮＰＰの先駆的存在の一人に数えることは適切であるように思われる理由の一つは、ケーゼマンが、パウロのユダヤ教批判の矛先は「敬虔な者たち」（ファリサイ派やクムラン教団の人々）の排他性に向けられている、と見ていることにあります。ＮＰＰの論者たちは、パウロのユダヤ教批判は不敬虔な者すなわち「異邦人」を排除する敬虔な人々（ユダヤ教徒たち、あるいはキリスト教内のユダヤ化主義者たち）に向けられている、と見ます。この点で、ケーゼマンとの間に本質的な一致が認められるのです。実際、ケーゼマンは、サンダースやライトなどＮＰＰの中心的な研究者たちから深い尊敬を受けています。

15　Stendahl, op. cit., 85.［拙訳］
16　E・ケーゼマン『パウロ神学の核心』（佐竹明・梅本直人訳、ヨルダン社、一九八〇年）、一一四－五頁。
17　前掲書、一二〇頁。
18　前掲書、一一九頁。

第2部　ＮＰＰを代表する研究者たち

第２部では、ＮＰＰを英米のパウロ研究における主流の立場へと押し上げた四人の代表的なＮＰＰ研究者を取り上げます。

最初に取り上げるのが、ＮＰＰの生みの親とも言えるＥ・Ｐ・サンダースです。ユダヤ教も「恵みの宗教」であるとするサンダースのユダヤ教再評価は、その後の新約聖書学界に革命的な影響を及ぼしました。

次いで、ジェイムズ・ダンの業績を紹介します。ダンはサンダースによるユダヤ教再評価を受け入れつつも、パウロがユダヤ教や律法を批判したことの理由や背景について洞察を深めました。パウロがモーセ律法を批判したのは、それがユダヤ人信徒と異邦人信徒との間に壁を作ってしまうからだ、というのがダンの主張でした。

郵便はがき

料金受取人払郵便

小石川局承認

6313

差出有効期間
2026年9月
30日まで

112-8790

東京都文京区関口1－44－4
宗屋関口町ビル6F

株式会社　新教出版社　愛読者係
行

＜お客様へ＞
お買い上げくださり有難うございました。ご意見は今後の出版企画の参考とさせていただきます。
ハガキを送ってくださった方には、年末に、小社特製の「渡辺禎雄版画カレンダー」を贈呈します。個人情報は小社、提携キリスト教書店及びキリスト教文書センター以外は使用いたしません。

●問い合わせ先 ： 新教出版社販売部　tel　03－3260－6148
email : eigyo@shinkyo-pb.com

今回お求め頂いた書籍名

お求め頂いた書店名

お求め頂いた書籍、または小社へのご意見、ご感想

お名前	職業

ご住所　〒

電話

今後、随時小社の出版情報をeメールで送らせて頂きたいと存じますので、お差し支えなければ下記の欄にご記入下さい。

eメール

図書購入注文書

書　　名	定　価	申込部数

続いてリチャード・ヘイズを見ていきます。ヘイズは「キリストのピスティス論争」、つまり義認の根拠となるのは信仰者自身の信仰なのか、あるいはキリスト自身の信実なのか、という問題について非常に影響力の大きな論文を発表しました。ヘイズは、キリスト自身の信実こそ救いの根拠であり、同時にそれは信仰者たちが倣うべき生き方のパラダイムでもある、と論じました。

最後にN・T・ライトの研究を考察します。ライトはイエスの時代にまで至るイスラエルの歴史を「継続する捕囚とその終わり」というグランド・ナラティブとして見る視点を提供し、パウロの語る「律法の呪い」とそこからの解放を、このナラティブの枠組みの中で捉えるという新鮮なアプローチを提起しました。

第6章　第二神殿時代のユダヤ教の真のすがたを求めて

――Ｅ・Ｐ・サンダース

1　古代ユダヤ教の再評価

ＮＰＰはそもそもパウロ神学というよりも、第二神殿期のユダヤ教の再評価を目指すものだった、ということは本書の冒頭で指摘しました。そして新約聖書学界において、古代ユダヤ教の見直しに決定的な役割を果たしたのがＥ・Ｐ・サンダース（一九三七－二〇二二）であり、彼の代表作である『パウロとパレスティナのユダヤ教』（*Paul and Palestinian Judaism*）でした。同書においてサンダースは、一九世紀における古代ユダヤ教研究を主導した一群の学者たちをまず取り上げます。フェルディナンド・ウェーバー、エーミール・シューラー、ウィルヘルム・ブゼット、パウル・ビラベックなどのドイツの学者たちです。サンダースは、彼らは古代ユダヤ教そのものよりも、それをキリスト教とは対極の宗教として描くことの方に関心があった、と指摘します。一般にキリスト教神学では、人の救いの根拠は神の選びにあるとされます。「信仰」ですらも、神があらかじめ選んだ人々に恩寵として与えられます。ある人に信仰があるので神がその人を選ぶのではなく、神はあらかじめ選んだ人に信仰を与えるからです。救いの根拠は、あくまでも神の側にあります。しかしそれはユダヤ教においても同じで、神がイスラエルを選んだという事実こそが救いの根拠になります。神はあまたの諸民族の中から、イスラエルを選びました。それはイスラエルが信心深かったからでも行いが良かったからでもなく、ただひたすら、神の先行的な恩寵によってイスラエルは選ばれたのです。

しかしウェーバーにとって、ユダヤ教はキリスト教とは対極にある宗教でなければならず、ユダヤ教の救いが神の選びに依拠しているという見方は否定されねばなりませんでした。ウェーバーによれば、神によるイスラエルの選びは、シナイ契約締結直後に犯した「金の仔牛」事件という大失態によって取り消されました（出32・1－6）。この出来事はアダムの堕罪に比肩する「第二の堕罪」とも呼ぶべきもので、イスラエルは恵みから落ちてしまい、自力で救いを勝ち取るしかなくなった、というのです。「選び」の特権を失ったイスラエルは、「行い」によって神に自らをアピールするしか術がなくなってしまいました。こうしてユダヤ教の救済論は、生前の善行と悪行とを天秤にかけて、どちらが重いかでその人の永遠の運命が決まる、というようなものとなりました。

E. P. サンダース

とはいえ、自分の善い行いが罪を上回るかどうかを確実に知る方法はありません。それゆえ、ユダヤ教においては「救いの確証」を得ることは事実上不可能なのだ……。これがウェーバーの描いた古代ユダヤ教の姿であり、このようなユダヤ教への見方は一九世紀終わりごろには新約学における定説になってしまいました。[1] 第1章で触れたように、二〇世紀中葉までの新約学を支配したルドルフ・ブルトマンも、このようなユダヤ教理解をそのまま受け継いだのです。

サンダースの第一の目的は、長年にわたる新約学界におけるこのようなユダヤ教への見方を粉砕することにありました。上述の『パウロとパレスティナのユダヤ教』においても、第一部のパレスティナのユダヤ教のセクションに四二八頁が割かれている一方で、パウロ神学については僅か（?）一二六頁の記述にとどまっているという事実そのものが、このことを端的に物語っています。サンダースは、ユダヤ教もまた**恵みの宗教**（religion of grace）であると主張しました。そこでまず、サンダースの古代ユダヤ教の分析を見ていくことにします。

2　選びと契約

サンダースは、タナイーム時代（紀元一世紀から三世紀初頭まで）のラビ文献、死海文書、そしてユダヤ教の外典・偽典という三つの種類の文献を調べることで、ユダヤ教の「宗教類型」（pattern of religion）を抽出しようとします。サンダースのテーゼは明快です。これらの文献に共通するテーマは**選びと契約**だということです。サンダースの研究に関しては、取り扱われる外典・偽典の範囲が十分ではないという問題点がしばしば指摘されます。サンダースは先に挙げた主著においてわずか五つの文献のみを取り上げましたが、[2] 第二神殿時代にはもっと多くの文献があり、それらを包括的に調べる必要があるからです。[3] そのような限界があるにせよ、パウロ研究において聖書の外典・偽典を調べることが極めて重要であることを学界に納得させたという点では、サンダースの貢献はとても大きなものです。以下では、主にサンダースのラビ文献と死海文書の研究を取り上げることにします。

(a)　タナイーム時代のラビたち

ラビ的ユダヤ教は、紀元七〇年にヘロデによって大幅に拡張されたエルサレムの神殿がローマ帝国によって破壊されたことで、神殿祭儀を中核とした宗教活動が不可能となった時代に登場しました。ラビたちは神殿祭儀に代わるものとして日々の律法（トーラー）の徹底的な実践を強調

1　Cf. E. P. Sanders, *Paul and Palestinian Judaism* (Minneapolis: Fortress, 1977), 33–59.

2　サンダースが同書で取り上げた外典・偽典は「シラ書」、「第一エノク」、「ヨベル書」、「ソロモンの詩編」、そして「第四エズラ」の五つ。

3　この課題に取り組んだ意欲作として、Gathercole, Simon. *Where is Boasting?* (Grand Rapids: Eerdmans, 2002)。

したのです。この律法のこまごまとした規定に拘泥する姿勢が「律法主義」と呼ばれ、ひいては自らの努力によって救いを勝ち取ろうとする宗教の典型と見なされるようになってしまったのですが、サンダースはその見方に修正を促し、彼らが律法遵守に励んだのは選びの恵みの中に留まり続けるためだったと力説します。

律法の実践は、確かにラビ的ユダヤ教において重要なものですが、彼らにとって律法を行うことの意味は契約という枠組みの中で理解されなければなりません。神とイスラエルとの契約は、律法を守る者には報いを与え、律法を破る者には罰を与える、というような単純で機械的な構造にはなっていません。神は正しい方であるのと同時に憐み深い方であるからです。したがって、恵みによって神との契約に入った者は、弱さや過失によって大きな罪を犯してしまったとしても、その人が心から悔い改めれば、赦されて契約に留まることができます（バト・シェバ事件を引き起こしながらも、赦されて王位に留まったダビデが良い例です）。したがって、神が各人の善行と罪とを天秤にかけてそれぞれの永遠の運命を定めるというような、味気なく神の憐れみも感じられない教理はタナイーム時代のラビたちの信仰ではありませんでした。むしろ多くのラビたちが抱いていたのは次のような信仰でした。

全てのイスラエル人は、神とその契約を否定しない限りは、来るべき世界に与る。契約の中で犯されたすべての罪は、それがどんなに重大な罪だったとしても、人が契約に留まりたいという意図を贖罪行為の実践によって、特に過ちを悔い改めることで示すならば、赦されるだろう。[4]

つまり、イスラエル人の救いを確かなものにするのは、その人が契約の民であるという立場であり（membership in the covenant）、そして契約に入るために必要なことは人間の努力ではなく、神の一方的な選びの恵みのみによります。その後に契約に留まり続けるためには律法を守る必要がありますが、それは律法を完璧に行わなければならない、ということでは決してありません。むしろ神は、選びの民が律法に違反することを前提として、その違反に対する赦しを得るための方法、すなわち神殿での献げものの制度を設けたのです。罪を犯しても、レビ記にある贖罪規定を忠実に実行することで、その罪は赦されます。贖罪規定の実践についてのラビたちの共通認識を、サンダースは次のように要約しています。

神はそれぞれの違反に対し、贖罪実践の手段を制定された（神とその契約を否定するような意図を持った違反を除いては）。つまり、契約の中にいる者は、自ら「くびきを投げ捨てる」ようなことをしない限りは、契約に留まり続けることができるし、契約の約束を受ける

4　Sanders, op. cit., 147.［拙訳］　ミシュナー「サンヘドリン」10.1参照。

ことができるだろう（その約束には来るべき世界に与ることも含まれる）。[5]

特にラビたちが重視したのは大贖罪の日（ヨム・キップール）であり、その日の一連の儀式によってほとんどすべての罪が赦され、民は罪から清められると信じられていました。契約とは神とイスラエルとの人格的な関係であり、その関係はイスラエルの側の弱さや罪深さをも包み込む神の憐れみ深さに基づくものです。贖罪の手段があらかじめ与えられていたことは、そのことを裏付けています。[6] もちろん、ラビ的ユダヤ教の時代は神殿喪失のために、神殿での贖罪のための献げものをすることは不可能でした。神殿祭儀に代わる神への献げものとは何か、という問いがラビ的ユダヤ教の大きな課題であり、律法の遵守が求められたのはそのためだったのですが、[7] それにもかかわらず、人間の弱さと罪を赦す恵み深い神という理解はユダヤ教の中で生き続けたのです。

ここで、「義」という重要な概念について考えてみる必要があります。サンダースによれば、「義である」、「義とされる」ということは、神が定めた抽象的・非人格的な「義」の絶対基準に到達したことを認められる、という意味ではありません。聖書で言う「義（ツァディク：ヘブライ語）」とは契約概念です。その行いにおいて一切の誤りのない完全無欠の者が「義」なのではなく、神との人格的関係、つまり「契約」の中にいる者が「義」なのです。要するに、ラビ的な思考においては「義とされた者」とは律法を完全無欠に行う者ではなく、「契約の中にあると認められた者」という意味だということです。

(b) 死海文書

次にサンダースは、死海文書を取り上げます。死海文書は第二次大戦後にクムランの洞窟から発見されましたが、そこに収められていた文書はクムラン宗団によって書かれたものだけでなく、旧約聖書の外典・偽典など第二神殿時代の幅広いユダヤ教文書も含まれています。死海文書の研究は、今や聖書学の中でも非常に大きな地位を占めるようになりました。死海文書についての詳しい解説を提供する紙幅の余裕はないので、[8]ここではその神学的特徴、特に「予定論」に絞ってサンダースの見解を紹介することにします。

サンダースは、クムラン宗団の神学とラビたちのいずれも、「契約」がその神学の中心にあると論じます。実際、死海文書の様々な文書をさっと一瞥しただけでも、「契約」が非常に重視されているのは明らかです。そしてラビたちとクムランの人々との違いが明確になるのは、その時代認識の仕方です。ローマによる神殿破壊によって終末的な救済への希望が遠のいたラビたちと

5　Ibid., 157.［拙訳］
6　Ibid., 236 を参照。
7　Ibid., 163f を参照。
8　刊行年代はやや古いものの、ジェームス・Ｃ・ヴァンダーカムの『死海文書のすべて』（秦剛平訳、青土社、一九九七年）は、邦訳された文献の中では最も包括的な死海文書入門でしょう。

は異なり、クムランの人々は自分たちが終末的祝福の時代の戸口近くにいるという認識を持っていました。それは原始キリスト教とも共通する時代認識なのですが、彼らは壊れていたモーセ契約が新たに更新されて「新しい契約」（エレ31・31－34を参照）が結ばれる時代に生きているという確信を抱いていました。[9] クムランの人々は、イスラエルは未だに神の怒りの下に置かれているけれど、神はイスラエルの中から彼らを選び出して新しい契約の時代のさきがけとした、と信じていたのです。彼らは独自の律法解釈とその実践により、その他のイスラエルとは分離した存在として荒野での隠遁生活を送り、神が歴史のただ中でイスラエルの救いのために決定的な行動を取られるのを待っていたのです。

クムラン宗団における契約理解の特徴は「予定論」にあります。神はあらゆる事柄を創造の初めから決定しており、その聖定の中には救われる者と滅びる者が誰であるのかも含まれていた、というのです。その典型的なものの一つとして、サンダースは「感謝の詩篇」の次の一節を挙げます。「感謝の詩篇」とは、クムラン宗団の教祖的存在である「義の教師」によって書かれたものだと考えられています。

また、私は知っています、すべての霊的な造りものは、あなたの手の中にあることを、その［すべての働きを］あなたがそれを創造されるよりも前に決定されたことを。どうしてあなたの言葉を変えることが、誰かにできるでしょうか。あなただけが、義人を［創］造されました。そして母の胎（の中）から定められた恵みの時のためにあなたの契約のうちに守られるようにと、あなたは彼を決定されました。[10]

「感謝の詩篇」のみならず、「共同体の規則」や「戦いの書」など、クムランの洞窟から発見された代表的な文書群にもこうした予定論的、決定論的な神学が共通して認められます。では、神がすべてをあらかじめ決定していて、人間の行動も神によって全て予定されているのなら、人間にはまったく自由がないということになるのでしょうか？　サンダースは、そうではないと指摘します。クムランの神学においては神の永遠の聖定と人間の自由意思とは矛盾しません。

選ばれた者が共同体に入るための根拠は、神の永遠の抗うことのできない恵みであることが強調されていたものの、クムラン宗団の人々は、［義と悪の］二つの道の中から歩むべき道を選択する能力が否定されるとは考えなかった。神の選びの恵みという考えは、人の選択の自由と対立するように考えられたのではなく、そのような意味でこれを「予定説」と呼ぶのは時代錯誤的である。[11]

9　これはヘブライ人への手紙8章に表明されている確信と非常に近いものです。
10　感謝の詩篇Ⅶ 26－28。引用は、『死海文書Ⅷ　詩篇』（勝村弘也・上村静訳、ぷねうま舎、二〇一八年）より。
11　Sanders, op. cit., 261.［拙訳］

この神の選びの主権性と、人間の自由意思とは、キリスト教神学においても問題となってきました。神が選ばなかった者をあらかじめ悪い道に歩むように定めたのなら、その人の悪行は神によるものであり、人間に責任を問うことはできないのではないか、という問いが生じます。パウロはこの問題について、「ああ、人よ。神に口答えするとは、あなたは何者か」（ロマ9・20）と一刀両断にしますが、パウロもクムランの人々と同じく、神の自由な選びと人間の自由意思とが矛盾するものとは思わなかったのでしょうか。

クムランの選びの神学の特徴は、ラビたちのそれと比較することでより良く理解できるでしょう。タナイーム時代のラビたちは、基本的にすべてのイスラエルが神から選ばれており、契約をことさらに拒絶するのではない限り、イスラエル人は救いから漏れることはないと考えたのに対し、クムランの人々は神がイスラエルの中のある特定の人たちを選び、他の人々を選ばなかったと見なしました。このクムランの選びの神学について、サンダースは次のように説明します。

しかし、なぜ神は幾人かのイスラエル人たちを選び、他のイスラエル人たちを選ばなかったのだろうか。この問いは選びの問題の重大性を浮かび上がらせるもので、二つの答えが導き出された。①神はある人たちを選び、他の人々を選ばなかった。なぜなら神がそう決定されたからだ。②神はご自身の道を選ぶ者たちを選び、その戒めを侮る者たちを拒絶された。

このいずれの答えも、状況次第によって、真実だと考えられたのである。[12]

論理的に考えると、①と②とは両立不可能にも思えるのですが、ユダヤ的な思考法ではこれは矛盾とはなりません。クムランの神学においては、人間の神への正しい応答や（彼らが独自の解釈で定めた）律法の実践は救いにとって極めて重要だとされます。だがそのような律法の行いは救いを自ら勝ち取るためのものではなく、彼らが契約の中に留まっていることを示すために重要でした。この点は、キリスト教神学の選びの教理と類似しています。予定説を提唱するプロテスタント神学においては、救いの根拠は神の選びにあるとされます。しかし、神が誰を選び、誰を選ばなかったのかは人間の側では知ることができません。では、神に選ばれているかどうかを知ることは全く不可能なのかといえば、そうではありません。神に選ばれた人はそれに相応しい歩みをしているはずであるから、その人の善い行いは選ばれていることのしるしとなるのです。つまり、キリスト者の善い行いは救いの根拠ではなく、救われている証拠とされます。クムラン宗団においても、律法の実践は契約に留まっていることの証拠でした。サンダースは、クムランにおける救いと契約との関係を三つのポイントで説明します。

12　Ibid., 266.［拙訳、サンダースによる強調］

（1）共同体の中にいることは救いにおける決定的な要因であり、そのメンバーは救われること、また神の前に歩む共同体の一員であることを自覚している。（2）この救いは肉「の弱さ」によって失われることはない。彼らは神に対しては義を持っておらず、その意味では人間的な弱さと悪の中に留まっている。（3）人間的な弱さを持つことは「失われたこと」や地獄に落ちることを意味しない。それは終末において克服されるだろう。[13]

このように、厳格に律法を遵守することで知られていたクムランの人々も、自らを完全な者と見ていたわけではなく、自らの内なる弱さを強く自覚していました。彼らには非常に高いレベルでの律法の実践が求められていましたが、それにもかかわらず彼らはそれが神の前に十分であるとは見なさなかったのです。むしろ彼らの救いの根拠は、神の選びの民であるクムランの共同体の中にいること、換言すれば「新しい契約」のメンバーであることに置かれていました。ユダヤ教各派に共通する、救いと契約との密接な繋がりをここにも見出すことができます。

最後に、クムランにおける律法実践の意味を要約しましょう。サンダースはラビたちとクムランの人々とを次のように比較しています。

どちらの場合も、「義」であることには律法を行うことが含まれるが、救いは神の選びに由来する。つまり、律法を行うことは選びに留まるための条件なのである。クムラン宗団の人々は、そのメンバーが契約に留まるための遥かに厳しい従順の基準を主張した点で、ラビたちとは異なっていたのだ。[14]

サンダースによれば、クムラン宗団の人々がいかに厳しい律法の基準に従っていたとしても、彼らの救いについての根本的な理解はラビたちとは大きく異なりませんでした。

(c) 外典・偽典

サンダースは、第二神殿期のユダヤ教の外典・偽典の中から、代表的なものとして五つの文書を取り上げます。「シラ書」、「第一エノク」、「ヨベル書」、「ソロモンの詩編」、そして「第四エズラ」です。知恵文学、黙示文学などを含むこれらの多様な第二神殿時代の文書についても「選びと契約」という共通のテーマが見出せるとサンダースは論じます。これらの中には死後の裁きを展望している文書もそうでない文書も含まれていますが、これらの文書で「義人」と見なされるのは、神の戒めを完璧に行うことができる人々ではありません。個々の罪を犯しても、悔い改めて神とその契約に立ち返ろうとする者は「義人」と呼ばれ得るのです。第二神殿期の代表的な黙示文書である「第一エノク」についても、サンダースはこう指摘します。

13　Ibid., 281.［拙訳］
14　Ibid., 312.［拙訳、サンダースによる強調］

「罪びと」、「邪な者」、「不敬虔な者」やその他の類語は、個々の罪を犯す者には決して適用されず、神とその選びの民を根本的に拒絶するような類の罪を犯す者に対して使われた。つまり、ここに「真のイスラエル」という概念があるのだが、彼らは「義人」、「義人にして選ばれし者」、「聖なる者」、などと呼ばれ、彼らの敵対者は背教者そして／あるいは異教徒として糾弾される。[15]

ここでもラビたちやクムランの人々と共通した理解が認められます。すなわち、「義人」というのは抽象的・絶対的な神の義の要求を完璧に満たした者という意味ではなく、神との契約に忠実で、そこに留まることを真摯に願う者たちのことだということです。換言すれば、義人とは「神との契約の中にある者」なのです。

3　契約維持の律法制（covenantal nomism）

古代ユダヤ教の文献の詳細な分析を通じてサンダースが達した結論とは、古代ユダヤ教の中核にあるのは神に選ばれたという恵みであり、律法の遵守とはその先行的な恵み、つまり神との「契約」を維持するために必要だったということです。サンダースは古代ユダヤ教の宗教類型を次のように要約しています。

（1）神がイスラエルを選んだ。
（2）それから律法を与えた。
（3）律法は、神によるイスラエルの選びが不変であること、
（4）そしてイスラエルがそれを守るべきこと、という二つのことを含意している。
（5）神は律法の遵守には報いを、違反には裁きを与える。
（6）律法は違反について贖罪制度を定めており、
（7）贖罪制度は契約関係の維持や立て直しのためにある。
（8）律法遵守、贖罪制度、そして神の憐れみによって契約に留まる者は、すべて救われるべきグループの一員なのである。[16]

サンダースは、このようなユダヤ教の契約的性格のことを、「契約維持の律法制（covenantal nomism）」と名付けています。ここでは律法は、人間には実行不可能な神の要求ではなく、神の

15　Ibid., 361.［拙訳］
16　Ibid., 422.［拙訳］

選びの恵みを維持していく手段だとされるのです。

4　パウロとユダヤ教

サンダースは、古代ユダヤ教の中心にあったのが「契約」であることを示してきましたが、パウロの場合はそうではないと論じます。端的に言えば、ユダヤ教では救いの要件は「契約の中にある」ことなのですが、パウロ神学では救いの要件はただ一つ、「キリストにある」ことなのです。「契約の中にある」とは、モーセによって制定された神とイスラエルとの契約の一員であることであり、人は律法を守ることで契約の中に留まることができます。この契約の中にあるものはすべて救われる、というのが古代ユダヤ教の救済理解でした。しかし、イエス・キリストの登場によって古い時代は終わり、新しい時代が始まりました。新しい時代においては、「契約の中にある」ことは救いの保証にはならず、人はキリストと結ばれて、「キリストにある」者となることで救われるのです。キリストと結ばれるということは、キリストと共に古い時代に死んで、キリストと共に新しい時代を生きるようになることです。サンダースは、「人は律法の行いによっては義とされない」というパウロの主張をこのような枠組みの中で理解するように提言しています。人が律法の行いによっては義とされないのは、人間が律法を完璧に行えないからではなく、それは古い時代における救いの道に属する事柄だからです。しかし、今や新しい時代が始まったので、救いのために律法遵守が必要だと唱える者は、新しい救いの道、つまりキリストを否定することになります。パウロにとって「律法」と「キリスト」は、あれもこれもではなく、あれかこれか、というライバル関係にある二つの救いの道だった、ということです。

サンダースによれば、パウロが律法とキリストを二律背反的に捉えるようになった契機は、「異邦人問題」でした。パウロと対立関係にあったキリスト教宣教団は、パウロによって開拓された教会の信徒たちに対し、割礼を受け、律法を守ることで旧約の民であるイスラエルの成員となるように促しました。つまりキリスト教徒であるだけでなく、ユダヤ人になることをも求めたのです。パウロは、異邦人は異邦人のままで救われるのだと考えており、このような要求はまったく不当なものだとみなしました。このような緊迫した論争的状況の中で、パウロの律法に関する数々の否定的な議論が導き出されたとサンダースは示唆します。パウロが律法に対し、時に非常に否定的になったり肯定的になったり首尾一貫しない立場を取っているように見えるのは、律法についての議論が異邦人信者をめぐる論争に付随して生じた、いわば状況的なものだったからだということです。

5　「参与的終末論」と「義とされる」ということ

このように、第二神殿時代後期のユダヤ教の真のすがたを問い直すことで、パウロと律法という問題に新たな光を当てたサンダースですが、パウロの救済論についても伝統的なプロテスタント神学とは異なる見方を示しました。サンダースは「参与的終末論」(participationist eschatology)を提起しましたが、[17]それは第3章で紹介したアルベルト・シュヴァイツァーの系譜に属するものです。この「参与的終末論」を理解するために、まず「終末論」とは何か、ということを改めて考えてみましょう。一般的に終末論とは、現在の世界が終焉を迎える、終わるという信仰であると定義できます。ではその終わりはいつ来るのかといえば、それは未来のことだと考える人がほとんどでしょう。それが遠い未来なのか近未来なのかは人によって理解が異なるものの、ともかくも終末とは「未来」に到来するものなのだということです。しかし、キリスト教の「終末論」には、このような一般的な終末論とは大きく異なる点があります。それは、キリスト教の終末論では終末はもう始まっている、という点です。より正確に言うならば、現在の世界はキリストの死と共に過ぎ去りつつあり、新しい世界がキリストの復活と共にすでに始まっている、ということです。このような終末論に立つならば、「救われる」とはこの新しい世界、パウロ的な表現を用いれば「新しい創造」に参与することです。シュヴァイツァーが論じたように、個々人の救済は世界全体の救済、あるいは変容と密接に結びついています。では、どうすればこの新しい世界、新しい創造に参与できるのでしょうか。

伝統的なプロテスタント神学では、最後の審判で「あなたは義である」という義認宣告を受けることが神の新しい世界、あるいは天国に入るために必要だということを強調します。しかし、普通の人間が神の審判において「義である」と宣言されるのはそもそも可能なのでしょうか。その人がいくらかの善行を生前に行っていたとしても、犯してきた罪の重みを考えると、とても義の宣告など受けられないのでは、と不安になります。そこで、自分の善行ではなくキリストの完全な義の行いを自分自身のものと見なしてもらい、それを根拠に義の宣告を受ける、そして天国に行く、これがプロテスタントの法廷的義認論、救済論です。

けれども、このような法廷的義認論の問題点は、キリストの義はあくまでもキリスト自身の義であり、信仰者はそれを自分の義と（仮想的に）見なしてもらうだけだということです。しかし、パウロが示す救いへの道は、キリストの義を（仮想的に）自分のものと見なしてもらうというよりも、むしろキリストのいのち、永遠のいのちに（バーチャルにではなくリアルに）参与する、キリストと一つになる、そのように理解されるべきものではないかとサンダースは提起します。パウロは「だから、誰でもキリストにあるなら、その人は新しい創造です。古い創造は過ぎ去り、新しい創造が生じたのです」（Ⅱコリ5・17）[18]と記していますが、その意味するところは「キリストにあること」、キリストのいのちに現実的に参与することを通じて、新しい創造に参与するということです。

17　Ibid., 549.
18　ここでは私訳を用いました。

このような「参与的終末論」に基づき、サンダースは、「義とされる」という重要なパウロの語法についても、伝統的なプロテスタントの解釈とは大きく異なる見方を示したことに触れておくべきでしょう。先ほど記した法廷的義認論によれば、「義とされる」とは最後の審判において神から「義である」との宣言を受けることです。とはいえ、人は自分自身の実際の生き方や行動に基づいて義であると宣言されるわけではなく、キリストの義を虚構的に被せられることで義と宣言される（legal fiction）のです。しかしサンダースは、「虚構的な転嫁された義という考えは彼［パウロ］の思いも及ばなかったものであるが、思いついていたとすれば激しく反対していただろう」[19]と強く主張します。サンダースは、パウロの「義とされる」という用語についてこう解説します。

> パウロの手紙において「義とされる」という受身の形は、ほとんど常に変えられること、あるいは、一つの領域から別の領域へ——例えば罪から従順へと、死からいのちへと、律法の下にあることから恵みの下にあることへと——移されることを意味する。[20]

このサンダースの主張の最も重要な根拠となる一節はローマ書6章7節ですが、以下にこの節の直訳を記します。

死んだ者は、「罪」から義だと宣言されているからです。

しかし、このような訳ではまったく意味が通じないので、「義と宣言する」という意味のギリシア語の動詞「ディカイオー」は、この節に関しては「解放する」と大胆に意訳される場合がほとんどです。例えば聖書協会共同訳では「死んだ者は罪から解放されているからです」となっています。この節の「罪」は単数形の冠詞付きの「罪」、つまり人間を奴隷として使役する宇宙的な力としての「罪」なので、[21]パウロがここで言っているのはこの「罪」の奴隷的支配からの解放に違いないはずで、その意味では聖書協会共同訳の翻訳は至極妥当なものです。にもかかわらず、パウロはここで解放するという意味の動詞の「エレウセロー」ではなく、法廷用語である「ディカイオー」を用いているのです（ロマ6・18と比較せよ）。この場合は、確かにサンダースが主張するように、「義とされる」とは人がある領域から別の領域に移されることを意味しています。

サンダースの主張の妥当性について、著者の私見も交えながら他の用例も検討してみましょう。パウロが「義とされる」という動詞を法廷的な文脈で用いていると思われる最も顕著な例は、ロ

19　E・P・サンダース『パウロ』（土岐健治・太田修司訳、教文館、二〇〇二年）、一四〇頁。
20　前掲同書、九八頁。
21　本書第5章の内容を参照のこと。

ーマ書３章23－25ａでしょう。

人は皆、罪を犯したため、神の栄光を受けられなくなっていますが、キリスト・イエスによる贖いの業を通して、神の恵みにより値なしに義とされるのです。神はこのイエスを、真実による、またその血による贖いの座とされました。

ここでパウロは、ユダヤ人も異邦人も、全世界が神の裁きに服するという文脈で語っていますので（ロマ３・19）、「義とされる」という言葉に法廷的な響きがあるのは明らかです。しかし同時に、パウロはここで神殿祭儀のイメージをも用いています。特に、至聖所にある贖いの座の上蓋に犠牲獣の血を降り注ぐ「大贖罪の日」の贖いの儀式の情景です。[22] この儀式を通じて、契約の民は実際に罪に汚れた状態から清められた状態へと変えられると信じられてきました。したがって、ここでも「義とされる」という言葉は義認判決を受けるということのみならず、ある領域（汚れ）から別の領域（清め）に移されるということを意味しているのです。パウロが他の箇所で、「義とされる」を「罪から清められる（洗われる）」ことと並行的に用いていることもこの理解を裏付けます（Ｉコリ６・11）。このような具体例からは、サンダースが主張するように、「義とされる」とは、キリストと共に死ぬことによって「罪」と「死」が支配する世界から脱出し、キリストと共に新しい世界を生きるというパウロの救済理解を凝縮した言葉の一つだと言えるでしょう。

サンダースのユダヤ教理解、そしてパウロの救済論についての新しい視点は二〇世紀後半以降のパウロ研究に巨大な影響を及ぼし、彼に賛成するにせよ反対するにせよ、彼の研究に触れることなく議論を進めることは不可能になったほどです。しかし、サンダースの研究を肯定的に捉える人々の中でも、パウロが当時のユダヤ教を批判した理由は「それがキリスト教ではないからだ」[23]というサンダースの主張には十分な説得力がないと考える学者は少なくありませんでした。その中でも最も重要な人物の一人、J・D・G・ダンを次章で取り上げます。

22　Cf. Peter Stuhlmacher, *Paul's Letter to the Romans: A Commentary* (trans. Scott J. Hafemann. Louisville: Westminster/John Knox Press, 1994), 57–61.

23　Sanders, op. cit., 552.

第7章　ユダヤ民族主義と使徒パウロ
――J・D・G・ダン

1　「律法の行い」とは何か?

古代ユダヤ教が神の選びと恵みに基づく宗教だった、というサンダースのユダヤ教再評価は多くの学者たちの賛同を得ました。けれども、サンダースの提示するパウロ像は学界を十分に納得させたとは言い難いものがありました。サンダースによれば、当時のユダヤ教そのものには何の問題もなかったけれど、パウロはキリストのみに救いがあるという自らの確信のゆえに、救いの道とはなりえないユダヤ教に固執するユダヤ人たちを批判したということになります。しかし、本当にそれだけなのでしょうか。パウロは時に同胞のユダヤ人たちを厳しく批判していますが(ロマ10・3)、それはパウロが当時のユダヤ教の中に本質的な問題を見出したからではないのでしょうか。

ここで、伝統的なパウロ理解が再び見直されることになります。ガラテヤ書簡やローマ書簡で

J. D. G. ダン

執拗に繰り返される「行い」と「信仰」との対比は、パウロのユダヤ教に対する懸念がどこから来ているのかを端的に示しているのではないでしょうか。すなわち、救いのために人間の側の行いが必要だということは、神の恵みへの完全な信頼を損なわせ、自らの力で救いを達成しようという誤った方向に人を向かわせてしまうことになる。ユダヤ教の救済理解には、「律法の行い」が不可欠の要素として組み込まれているため、恵みの宗教とはなり得ない……。こう考えて、パウロは「行いなしの、恵みのみによる救い」を唱えたのではないのでしょうか。このような伝統的な立場に立つ人の考えを変えさせるには、サンダースの議論には物足りなさがあったのです。

この問いについて、ジェイムズ・ダン（一九三九－二〇二〇）は重要な貢献をしました。ダンは、パウロが「信仰」と対比させたのは一般的な意味での「行い」ではなく、「律法の行い」であることに着目しました。ダンは、**「律法の行い」**という義認論におけるキーワードを、パウロが生きた時代、すなわち第二神殿時代の後期という背景から問い直しました。「律法の行い」とは旧約聖書に規定されたモーセの律法のすべてを指しうる用語ですが、パウロの時代までに、そのうちのいくつかの規定に特別な重要性が与えられるようになりました。その契機となったのは、紀元前二世紀に起こったシリアの王アンティオコス四世（エピファネス）による宗教的な迫害でした。当時のユダヤ人統治者たちの内紛に乗じてエルサレムに侵攻したアンティオコス四世は、エルサレムのヘレニズム化を図りました。そのためアンティオコス四世は、モーセ律法の中でもユダヤ人の独自性・特異性を際立たせる法、特に「**割礼**」や「**食事規定**」をユダヤ人が守ることを禁じ、従わない者には死をもって臨みました。こうした「律法の行い」の禁止命令に反発したユダ・マカバイらはゲリラ戦によってアンティオコス四世に戦いを挑みます。ユダ・マカバイの父マタティアは、遺言として次のような檄を飛ばしています。

お前たちは、律法を実践する者全員を連れて来て、民のために徹底的に復讐せよ。異邦人たちには徹底的に仕返しし、律法の定めを固く守れ。[1]

ここで固く守れと言われている「律法」とは、人類全般に通用するような道徳律、人を殺してはならないとか、盗んではならないという一般的な教えのことではありません。むしろ、ユダヤ人を異邦人から区別する役割を持った律法（boundary marker）、「**割礼**」、「**安息日規定**」、「**食事規定**」のことなのです。異邦人の影響からユダヤ人の純潔性を守ろうという「律法への熱心」を、アンティオコス四世からの迫害を首尾よく打ち破った後も、ユダヤ人たちは持ち続けました。とりわけローマ帝国による支配に対する敵愾心が燃え上がった紀元一世紀には、異邦人から自らを区別する「律法の行い」を遵守することは、神の民としてのユダヤ民族の統一性を保つために極めて重い意義を持つようになったのです。パウロは回心前の自らを評して、ユダヤ教と律法遵守に人一倍熱心で、その熱心さのあまり教会を迫害するほどだったと記していますが（ガラ１・13－14、フィリ３・６）、その「熱心」が民族主義的情熱であったのは間違いないでしょう。ダンは次のように解説します。

「熱心」には３つの重要な要素がある。第１に「熱心」は、イスラエルの独自性を維持し、神に対して聖別された契約の純粋性が汚されることを防ぎ、宗教的で民族的な境界線を保持するための無条件な献身を指す。第２に、これを達成するため力を行使する用意があることを指す。イスラエルに特有の契約を危険にさらす者を根絶やしにするという徹底的な献身が、「熱心」という語によって表されている。第３にこの熱心は、イスラエルの境界線を冒す者、異邦人のみならず同胞のユダヤ人にも向けられる。[2]

パウロは、キリスト教徒たちをユダヤ人と異邦人との境界線を壊すユダヤ教内の異端分子として認識し、彼らを「熱心」に迫害しました。回心前のパウロにとって、異邦人たちをユダヤ教へ

１　第一マカバイ記２章67－68節。
２　Ｊ・Ｄ・Ｇ・ダン『使徒パウロの神学』（浅野淳博訳、教文館、二〇一九年）、四六四頁。

の改宗（つまり「割礼」）を求めずに受け入れているキリスト教運動はユダヤ人共同体の境界線を突き崩す危険な存在だったのです。しかし、復活したイエスを目撃するという特別な体験をしたパウロは、自らの「熱心」が本当に正しいものだったのか、再考を迫られます。キリスト教運動が、イエスの復活によってその正しさを実証されたものであるならば、ユダヤ人と異邦人との境界線を守り抜こうという「熱心」は神の御心に反するものではないのか、と。むしろ神は、ユダヤ人も異邦人もなく、今やすべての人を招き入れようとしておられる、そのような新しい時代に入ったのだという確信をパウロは深めていきます。

他方で、パウロのような問題意識を持たずにイエスへの信仰に入ったユダヤ人も多かったのです。彼らは、イエスを信じた後も自分たちがユダヤ人共同体の一員であるという認識を当然のごとく持ち続けていました。そして彼らは、次々と教会に加わる異邦人信徒たちにも割礼を施すことで、キリスト教会がユダヤ教の枠内に留まっていることを示し、ユダヤ人たちへの伝道を円滑にしたいと考えたことでしょう。割礼がとりわけ重要だったのは、この「律法の行い」は異邦人がユダヤ人共同体の一員となる、いわば参入儀礼としての意味合いを持っていたからでした。[3] このようなユダヤ人キリスト者たちがパウロの開拓した異邦人教会と接触をもって影響力を及ぼし始めると、パウロと彼らとの対立は避けられないものとなっていきます。彼らは創世記17章を引用し、アブラハムの子孫となって神からの祝福に与りたいのなら、割礼を受けるべきだと異邦人信徒たちを説得したのでしょうが、[4] このようなことはパウロには我慢のならないことでした。

こうした衝突と危機から生まれたのがガラテヤ書簡だったのです。パウロが「律法の行いによっては、誰一人として義とされないからです」（ガラ２・16）と断言する時に、パウロが割礼を異邦人信徒に強要するライバル宣教師たちのことを念頭に置いていたのは間違いありません。事実、パウロがこの書簡でユダヤ化主義者（異邦人信徒にユダヤ人になるように促すキリスト教宣教師たちのこと）との論争を回顧する中で言及した二つの律法の行いとは「割礼」と「食事規定」だったのです（ガラ２・３－５、２・11－14）。それらはユダヤ人が自らを異邦人と区別するために重視した律法の行いでした。

異邦人テトスに割礼を要求する「偽兄弟」（2.4）は律法の行いに固執した。彼らにとってキリストへの信仰では不十分だった。異邦人から「距離を置いた」ペトロと他のユダヤ人キリスト者も、同様に律法の行いに固執したが、彼らの場合は食事の諸規定によってイスラエルの民族性が守られることを重視したからだろう（2.12）［……］パウロの視点からは、彼らもまた律法の行いに固執しており、信仰のみでは不十分であった。[5]

3　Shaye J. D. Cohen. "Crossing the boundary and becoming a Jew", *HTR* 82-1 (1989), 27を参照。
4　Ｅ・Ｐ・サンダース『パウロ』（土岐健治・太田修司訳、教文館、二〇〇二年）一一一－三頁参照。
5　ダン、前掲同書、四七二－三頁。

このように、パウロが「行いによらず、信仰によって義とされる」と主張した時に彼が打ち砕こうとしたのは、神の民となるためにはキリストへの信仰だけでは不十分で、ユダヤ民族の成員であることを示す「律法の行い」も必要だというユダヤ人キリスト者たち（あるいは同じように考える、ユダヤ教に改宗した異邦人信徒たち）[6]の信念だったのです。

ところで、「律法の行い」というフレーズを、あるグループを他のグループから区別するための一連の律法実践を指すものとして用いたのはパウロが初めてではありません。ここでも死海文書がこの問題に新たな光を当てました。『4QMMT』（4Qとは、クムランの第四洞窟から発見されたことを示す）と呼ばれる、比較的後になって公表された文書が特に重要です。ここでクムラン宗団の人々は、対立するエルサレムの祭司たちとの律法解釈の違いを説明し、自分たちの律法解釈に従う者こそ終末の祝福に与るグループなのだと主張しています。注目すべきことは、敵対するグループと自分たちとを線引きするための律法実践を「律法の行い」と呼んでいることです。

さて、私たちはあなたがたにいくつかの「律法の行い」について書き送ったが、私たちが定めたそれらの事柄はあなたがたとその民にとって有益であろう。［……］あなたがたは終わりの時に、私たちの言葉の要点が真実であることを知って、喜ぶだろう。それはあなたがたの義とみなされるだろう。あなたがたが主の御前に正しく良いことを行ったからだ。それはあなたがた自身と、イスラエルにとって益となるだろう。[7]

4QMMTでは、祭儀律法や清浄律法などのいくつかの「律法の行い」について、クムラン宗団独自の律法解釈が詳述されています。この文書の著者は、終わりの日に彼らの解釈が正しかったことが明らかにされ、それに則って律法を行ったことが義とみなされるだろうと主張します。クムラン宗団に属さない人たちは当然そうした律法解釈を知らないので、彼らの実践する律法の行いは、自分たちがクムラン宗団に属していないことを示すことになります。したがって、ここで言われている一連の「律法の行い」とは、義とされるべきクムラン宗団の人々を、他のユダヤ人グループから区別するという機能を持っていたことになります。この死海文書の実例は、「律法の行い」とは一つのグループを他から区別するための境界線（boundary marker）だったというダンの洞察の正しさを支持するものの一つです。

6　パウロの論敵であるユダヤ化主義者たちが、ユダヤ人キリスト者たちだったのか、あるいは異邦人の身分から割礼を受けてユダヤ人となったキリスト者たちなのかは、学者の間でも争点となっています。

7　4QMMT, Section C: 26–32.［拙訳］　引用元は *The Dead Sea Scrolls: A New Translation*. Translated and with Commentary by Michael Wise, Martin Abegg Jr., and Edward Cook (rev. ed., New York: HarperCollins, 2005).［　］は著者によるもの。

2　「行いによる」裁き

ダンは、パウロが「律法の行いによっては義とされない」と言うとき、それは「人は善行によっては神に受け入れられない」ということを意味しているのではないと論じました。ここでの「律法の行い」とは神に喜ばれる善い行い全般を指しているのではなく、むしろユダヤ民族だけに神の選びの恵みを限定し、異邦人を排除しようとする一連の律法実践を指しています。異邦人信徒たちはどれだけ清く正しい生活を送ろうとも、割礼やユダヤ教の食事規定を守らない限り、神の選びの民であるユダヤ人共同体の一員とは決して認められないからです。パウロはこのような信念を逆手に取って、こうした「律法の行い」では人は神の民の成員にはなれない、と断じました。つまり、義認をめぐる論争の背後には、真の神の民とは誰か、旧約の民の延長線上にあるユダヤ人共同体か、あるいはイエスを信じる諸民族の群れなのか、という問いがあったのです。

では、パウロは救いと一般的な意味での「善行」との関係をどう考えていたのでしょうか。人が救われるためには善行が求められるのでしょうか。注目すべきなのは、パウロがキリストによる「最後の審判」について語るとき、常に「行いによる裁き」を語っていることです。

思い違いをしてはなりません。神は侮られるような方ではありません。人は、自分の蒔いたものを、また刈り取ることになるのです。自分の肉に蒔く者は、肉から滅びを刈り取り、霊に蒔く者は、霊から永遠の命を刈り取ります。たゆまず善を行いましょう。倦むことなく励んでいれば、時が来て、刈り取ることになります。（ガラ6・7－9）

私たちは皆、キリストの裁きの座に出てすべてが明らかにされ、善であれ悪であれ、めいめい体を住みかとしていたときに行った仕業に応じて、報いを受けなければならないのです。（Ⅱコリ5・10）

神はおのおのの行いに従ってお報いになります。耐え忍んで善を行い、栄光と誉れと朽ちないものを求める者には、永遠の命をお与えになり、利己心に駆られ、真理ではなく不義に従う者には、怒りと憤りを下されます。（ロマ2・6－8）

このような、「行いによる裁き」を示唆するパウロの一連の言葉と、「信仰による義認」とをどのように考えればよいのでしょうか。これまでの議論によれば、パウロが「律法の行いではなく、信仰によって」という議論を展開しているとき、そこで争われているのは神の民に属していると認められるために何が求められているのか、ということでした。キリスト教会に加わるための要件、いわば信仰者の歩みの初めの一歩について語っていたということです。義認をめぐる論争は、譬えるならば入学試験における判定基準は何かを争った議論だと言えるでしょう。パウロが強く反対したのは、入学試験においてユダヤ民族のみが優先されるような仕組みだったということです。それに対し、最後の審判における「行いによる裁き」とは信仰生活の終わりに下される信仰生活の総括、いわば卒業審査の際に下される成績評価、通信簿のようなものです。ここでは民族の違いは問題にならず、その人が信仰生活をどう生きたのかが吟味されます。この点について、ダンは次のように述べています。

ここで1つの重要な推論が浮上する。「律法の行い」は「(善い)行い」と同じではないという視点は、行いにしたがった審判(ロマ2・6-11)と信仰義認との長きにわたった議論に決着をつけることになる。これらのあいだに矛盾はない。なぜなら「律法の行い」とは究極的に、ユダヤ人をイスラエルの民として諸民族から分離するという、彼らの存在意義に関わる律法への従順を指すからだ。一方で、善行を行うべきということに関しては誰も異論を挟まない。[8]

パウロの「行いによらない、信仰による義認」と「行いによる裁き」とは別々のことを語っているのであり、そこに矛盾を見出す必要はない、ということです。この点を明らかにするうえで、ダンが提起した「律法の行い」の理解は決定的な役割を果たしました。

3　「キリストへの信仰」か「キリストの忠実さ」か

「律法の行い」に関する新たな視点を提示したことによって、ダンは一躍「ニュー・パースペクティブ」の代表的な旗手となりました。とはいえ、彼の唱えることがすべて「新しい」わけではなく、むしろ伝統的な立場の擁護に回るケースもありました。「ニュー・パースペクティブ」と一括りにされる学者の間でも様々な違いがあったことを示す例として、「キリストのピスティス（πίστις Χριστοῦ）」を巡る論争を簡潔に紹介しましょう（このテーマについては次章で詳しく解説します）。この言葉は伝統的に、特に宗教改革以降のプロテスタントの伝統においては、「キリストへの信仰」と解されてきました。「信仰義認」という教理は、「キリストへの信仰によって義とされる」ということなので、この短いフレーズはプロテスタントの教理において特に大きな意味を持ちます。けれども、「信仰」と訳されるギリシア語のπίστιςという語は「信じること」、「〜への信仰」という意味もありますが、「忠実であること」という意味もあるのです。つまり、「キリストのピスティス」は「（信仰者の）キリストへの信仰」とも「キリスト自身の忠実さ」とも訳すことができるのです。前者ではπίστιςの主体は信仰者（believer's faith *in* Christ）ですが、後

8　前掲同書、四七九－八〇頁。

者ではキリストその人の忠実さ（faithfulness *of* Christ himself）です。そのため、「キリストのピスティスによって義とされる」とは、

a　信仰者がキリストを信じることで義とされる。

b　キリスト自身の（人類救済という使命への）忠実さによって義とされる。

という、大きく異なる解釈が成り立ちます。もちろん、後者のbの解釈においても、信仰者の側のキリストへの信仰が不要になるわけではありません。救済がキリストの忠実さによって実現されたのだとしても、その救いの出来事を信じる必要があるからです（ガラ２・16）。それでも、bの解釈に立つと「律法の行いによらず、キリストのピスティスによって」というパウロの言い回しの理解の仕方が大きく異なってきます。伝統的には、ここでの「行い」対「信仰」の対比は「**人間の行い**」対「**人間の信仰**」と理解されてきました。それに対し、これを「キリストの忠実さ」と解すると、「**人間の業**」と（キリストの忠実さによって示された）「**神の業**」というコントラストが浮かび上がります。キリストへの信仰は、人間が信じる主体である以上、人間の業です。他方で、人となった神であるキリストが行った人類救済の業は、人間の業というより神の業と言えます。父なる神とイエスとが一致して働いたと考えるなら、イエスの忠実さとはすなわち神自身の忠実さだからです（Faithfulness of God、パウロはこの言葉をロマ３・３で用いています）。この解釈

に立つと、パウロの救済論において「(人間の)行い」対「(人間の)信仰」という図式は成り立たなくなります。

興味深いことに、この「ピスティス」論争においては、ダンは伝統的な「キリストへの信仰」という立場を強く擁護しています。[9] ここでは「ニュー・パースペクティブ」に立つ学者たちにダンの方が反論しているのです。そこで次の章では、ダンとは反対の立場、すなわち「キリストの忠実さ」を提唱する新約学者のリーダー的存在であるリチャード・ヘイズを紹介しましょう。

9　前掲同書、四九五－五〇三頁。

第8章　キリスト自身の神への忠実さ

――リチャード・ヘイズ

1　パウロ神学の中心にあるものは何か？

リチャード・ヘイズ（一九四八－）は先の章で触れた「キリストのピスティス」論争において、新約学界の方向性を定めたと言えるほど大きな貢献を果たしています。しかもそれは、彼の一九八一年の博士論文、*Faith of Christ* を通じてでした。この論文は邦訳されているので[10]、ここではポイントを絞ってその論旨を紹介します。ヘイズが本書で取り組んだ根本的な問いとは、「キリストのピスティス（πίστις Χριστοῦ）」というフレーズが意味するのは何か、という聖書釈義の問題に留まらない、もっと大きな問いでした。それはパウロ神学の中核にあるものは何か、という核心的な問いでした。二〇世紀中葉までの学界では、パウロ神学の中心思想、考え（idea）は何か、という点が常に問われてきましたが、その議論の背後には、ある前提がありました。それは、パウロは哲学的、抽象的な議論においてもっともよくその能力を発揮する、という前提です。つまりパウロは宗教家というよりも、哲学者のように捉えられてきたということです。哲学者の竹田青嗣は宗教と哲学の違いについてこう語っています。

歴史的に見ると、哲学と宗教の方法の最も大きな違いは、宗教が物語、あるいは神話によって世界を説明するのに対して、哲学は抽象概念を使ってこれを行う、という点だ。[11]

つまり宗教は「昔々あるところに神様がいて」というような創造神話から語り始めるのに対し、ギリシア哲学は世界の起源について「万物の根源は水にある」というように抽象的な概念によって語る、ということです。このような定義からすれば、創世記から始まる旧約聖書の世界は古代宗教の典型と言えるでしょう。一方で、キリスト教の神学の歴史を振り返ると、徐々に物語的要素が希薄になり、抽象概念を使って神学的思考を行っていくことが多くなっていったと言えるでしょう。そしてパウロこそ、キリスト教がより洗練された、哲学的な宗教に発展していく道筋をつけた人だと見られてきました。クリスティアン・ベカーはパウロについてこう書いています。

10　リチャード・B・ヘイズ『イエス・キリストの信仰――ガラテヤ３章１節－４章11節の物語下部構造』（河野克也訳、新教出版社、二〇一五年）。

11　竹田青嗣『プラトン入門』（筑摩書房、一九九九年）、二二三頁。

リチャード・ヘイズ

さらには、パウロはその手紙から判断するならストーリーテラー（storyteller）ではない。ストーリーテラーは経験を物語形式で伝え、それによって経験は伝わりやすいものになるし、その経験の様々な意味合いも物語形式の中で表現される。パウロは「福音書」を書かなかったし、コミュニケーションの手段として譬え話も用いなかった。彼は強力な隠喩（メタファー）や象徴（シンボル）を用いたけれど、彼の大風呂敷の隠喩はうまくいかないことが多いし（ロマ11・17－24）、隠喩が寓話に転じてしまうこともしばしばだ（ロマ7・1－3、ガラ4・21－26参照）。パウロは命題、議論、そして対話を用いる人だったのであり、譬えやストーリーで語る人ではなかった。実際、譬え、ストーリー、そして象徴はイエスの用いた手段だった。[1]

このように、パウロは物語ではなく抽象的な議論を得意とした神学者だった、というのがパウロ研究者の間では主流の見方でした。それに対し、ヘイズはこう論じています。

すなわち、「パウロの説いたこと」の中心はイエス・キリストのストーリーであり、それゆえパウロの「福音」には物語構造がある。[2]

パウロの福音とはすなわちイエス・キリストのストーリーであり、そしてこのストーリーは、「イエス・キリストを、神によって派遣され、その信実な行為によって人間に解放と祝福をもたらす主人公として提示している」というのがヘイズの主張の要諦です。[3] 新約聖書の中でイエスのストーリーを記しているのはもちろん「四福音書」ですが、ヘイズはパウロがこれらの福音書の基礎となったイエス伝承について知っていて、それが彼の「福音」の核心にあったのだと示唆します。[4] パウロ書簡の中にはイエスの地上での宣教活動に関する記述がほとんどなく、むしろ十字架と復活にばかり言及が集中していることから、パウロはイエスの地上の生涯に関心がなかったという見方が新約学界では支配的だったので、[5] ヘイズのこのような示唆は当時としては大胆なものだと言えます。しかしヘイズは、「キリストのピスティス」という問題のフレーズが、イエスの地上の宣教活動における人類救済という使命への、イエス自身の忠実さを表していると解

1　J. Christiaan Beker, *Paul the Apostle: The Triumph of God in Life and Thought* (Philadelphia: Fortress, 1980), 353.［拙訳］
2　ヘイズ、前掲同書、八四頁。
3　前掲同書、三〇一頁。
4　前掲同書、三八一－五頁参照。
5　ルドルフ・ブルトマン『ブルトマン著作集４・新約聖書神学Ⅱ』（川端純四郎訳、新教出版社、一九九五年）、一五三－五頁。

します。つまり、パウロの語る「キリストの信実」とは、イエスの公生涯を特徴づけた彼の生き方そのものだということです。

２　「キリストの信実（忠実さ）」と「神の義」

ヘイズの提案によれば、プロテスタントの伝統では「キリストに対する信仰」と訳されてきた「キリストのピスティス（πίστις Χριστοῦ）」というフレーズは、「キリスト自身の信実（忠実さ）」と訳すのが正しいということになります。この釈義の変更はキリスト教の救済理解そのものを変えてしまうほどのインパクトを持ちます。なぜなら、人間の救済の実現にとって最も大切なものは人間側の信仰なのか、あるいはキリストを通じて示された神の側の救いの業なのか、その力点の置き方が変わってくるからです。それに加えて、キリストは信仰の対象なのか、あるいはキリストは信仰者の生き方の模範なのか、という問いもここには含まれてきます。もちろんキリスト教会はそのすべてを大切にしてきたわけですが、プロテスタントの伝統においては、人間側の信仰を何よりも重視する傾向があるからです。

この点を考えるために、具体的な聖書箇所を検討してみましょう。ヘイズは自らの釈義を支える重要な論拠として、特にガラテヤ書３章22節とローマ書４章16節を重視します。ヘイズの議論を説明するために、二つの聖書訳を比較してみましょう。一つはヘイズの理解に近い聖書協会共同訳、もう一つは伝統的なプロテスタント神学に則った新改訳2017です。

ガラテヤ3章22節

（共同訳）しかし、聖書はすべてのものを罪の下に閉じ込めました。約束がイエス・キリストの真実によって、信じる人々に与えられるためです。

（新改訳）しかし、聖書は、すべてのものを罪の下に閉じ込めました。それは約束が、イエス・キリストに対する信仰によって、信じる人たちに与えられるためでした。

ローマ4章16節

（共同訳）従って、相続人となることは、信仰によるのです。こうして、恵みによって、アブラハムのすべての子孫、つまり律法に頼る者だけでなく、彼の信仰に従う者も、確実に約束にあずかれるのです。

（新改訳）そのようなわけで、すべては信仰によるのです。それは、事が恵みによるようになるためです。こうして、約束がすべての子孫に、すなわち、律法を持つ人々だけでなく、アブラハムの信仰に倣う人々にも保証されるのです。

ここでさらに、傍点を振った部分をギリシア語原文と共に抜き出してみます。

エク・ピステオース・イエスウ・クリストウ *ἐκ πίστεως Ἰησοῦ Χριστοῦ*
（共同訳）イエス・キリストの真実によって
（新改訳）イエス・キリストに対する信仰によって

エク・ピステオース・アブラアム *ἐκ πίστεως Ἀβραάμ*
（共同訳）彼［アブラハム］の信仰に
（新改訳）アブラハムの信仰に

この二つのフレーズは、全く同じ構造であるのが分かるでしょう。「エク・ピステオース・（人名）」という形です。ローマ書4章16節については、聖書協会共同訳も新改訳2017も一致して「アブラハム自身の信仰」と訳しています。同じように訳せば、ガラテヤ書3章22節も「イエス・キリスト自身の信仰」となり、実際に聖書協会共同訳は「イエス・キリストの真実」と訳しています。それに対し、新改訳2017はこの場合はイエス・キリストを信仰の対象とし、「イエス・キリストに対する信仰」と訳しています。これは、救いはイエス・キリストに対する信仰による他はない、という信仰義認の教理に沿った解釈です。しかし、よくよく考えてみるとアブラハムの信仰の対象は、彼の時代から遥か二千年後に生まれるイエス・キリストではなく、神ご自身でした。この事実から生じる問題点について、ヘイズはこう指摘します。

もしもアブラハムが神に信頼したことで義とされたのであれば、なぜ私たちは、義とされるためにキリストを信じる必要があるのだろうか。アブラハムがそうしたように、単純に私たちの信頼を神に置けば良いのではないか。[6]

このように、パウロが義認の議論においてアブラハムの信仰を実例として挙げたこと自体が、義とされるためには「キリストに対する信仰」が必要だとする教理への反証となり得るのです。なぜならアブラハムの信仰は、キリストに対する信仰ではなかったからです。アブラハムは死んだも同然の自らの肉体から約束の子を生み出す神を信じて義とされ、キリスト者は死んだイエスの肉体を死者の中からよみがえらせる神を信じて義とされます。つまり、キリスト以前に生きたアブラハムにとっても、キリスト以後に生きたキリスト者にとっても、信仰の対象は同じ神である、その同じ神を信じる者はみな義とされる、こう考えるといかにもすっきりします。

では、「アブラハムの信仰」と「キリストの信仰（信実）」とは同じような性質のものなのでしょうか？　そうではない、とヘイズは論じます。なぜなら「キリストの信実（忠実さ）」は「神の

6　前掲同書、二八三頁。

義」、あるいは「神の忠実さ」を表すものだからです。ローマ書における中心的なテーマは「神の義」ですが、この重要な言葉は「神の忠実さ」とも言い換えられます。なぜならパウロはローマ書３章で「神の義」を「神の忠実さ（ピスティス・トゥ・セイウー）」の同義語として使っているからです。

それはどういうことか。彼らの中で忠実でない者（アピスティア）がいたにせよ、その不忠実のせいで、神の忠実さ（ピスティン）が無にされるとでもいうのですか。（ロマ３・３）[7]

しかし、私たちの不義が神の義を明らかにするとしたら……（ロマ３・５）

ここではイスラエルの「不忠実」とイスラエルの「不義」が同義語として用いられています。したがって、それと並行関係にある「神の忠実さ」も「神の義」と同義語であるはずです。「神の忠実さ」と訳した３章３節の「ピスティス・トゥ・セイウー」を「神への信仰」または「神の信仰」と訳すことも文法的には不可能ではないですが、信仰の対象である神が神自身を信仰するというのは明らかにおかしいですし、また「神（ご自身）の信仰」と訳すのも、では神がいったい何を信じるのか？という疑問が生じるのでこれも無理があります。ですから「神の忠実さ」と訳すのが妥当でしょう。では神が何に対して忠実なのかといえば、旧約聖書に書かれている神ご自身の約束について忠実である、ということです。そしてヘイズは、この「神の、ご自身の約束への忠実さ」こそローマ書のメインテーマなのだと論じます。

信仰義認という改革派の主題は、律法と福音とは二律背反なのだという見方に何世代もの読者（少なくともプロテスタント読者）を縛り付けることで、ロマ３・１－26の一貫した内部的証拠を無視してきた。それゆえ彼らは、パウロの議論は主として神義論であり、救済論ではないことを見逃してしまった。ローマ書を突き動かす問いとは、「いかにして恵み深い神を見出すことができるのか？」ではなく、「神がイスラエルに与えた約束を放棄してしまったとするなら、恵み深いとされるこの神をどうやって信頼できるのか？」なのである。[8]

このように、ヘイズは「神は義なのか？」という問いを「神は約束に忠実なのか？」という問いとして捉えます。したがって、ローマ３章21節の「神の義が現されました」というフレーズは

7　ここでは聖書協会共同訳の「不真実」を「不忠実」、「真実」を「忠実さ」に置き換えています。「ピスティス」は伝統的に「信仰」と訳され、聖書共同訳では「真実」と訳されることもありますが、この文脈ではイスラエルが神からの委託に忠実であるかどうかが問われているので「忠実さ」としました。

8　Richard Hays, *Echoes of Scripture in the Letters of Paul* (New Haven & London: Yale University Press, 1989), 53.［拙訳］

「神が約束に忠実であったことが示されました」と言い換えることができます。そして「神の忠実さ」を体現したのが「キリストの信実」、あるいは「キリストの死に至るまでの忠実さ」なのです。ですからヘイズはローマ書３章25節に込められた意味を、「神はご自身の忠実さを示す者として、イエス・キリストを公に示したのだ」と理解します。[9]

さらには、「キリストの信実（忠実さ）」は「神の約束への忠実さ」を示すのみならず、イスラエルに代表される「人類の不信実（不忠実）」を乗り越えるものだったとヘイズは指摘します。神はイスラエルを選んで世界救済のための器としましたが、イスラエルはその使命を果たすことに失敗し続けてきました。しかし、ついにイエスがイスラエルの代表としてその使命を全うしたのです。

十字架における理不尽な死にさえ至るイエスの信実な忍耐と従順（フィリ２・８を参照）とが、全人類のための救済的意義をもっていたのである。〔中略〕罪に堕ちた人間の不信実は、キリストの代表的信実によって相殺され、克服されるのである。[10]

ここでヘイズがイエスの信実を代表的信実と述べていることに注意が必要です。イエスの死に至るまでの神への信実（忠実さ）は人類を代表するものであり、それゆえ彼に信じ従いたいと願うすべての人にとっての模範となる、ということです。ヘイズはここに、長くパウロ神学の最大の問題とされてきた点、つまりパウロの救済論の中核にあるのは信仰義認なのか、あるいはキリストとの神秘的結合（シュヴァイツァー）なのか、という問いに対する一つの解決策を見出します。人が神に義とされるのは、キリストが示した信実（忠実さ）を信仰者が自らのものとすること、キリスト自身の信実に自ら積極的に参与すること、そのことを通じてなのだということです。ヘイズはこう論じます。

したがって、「義認」と「キリストへの参与」とは、異なる神学的領域に属しているのではない。パウロは、救済を、キリストの義認への参与を意味するものとして理解していたので、彼にとって両者は、同じ領域に属するものなのである。[11]

ここでヘイズは、「キリストの義認」という聞きなれない言い回しをしています。キリストを信仰の対象として義とされる、というのではなく、キリスト自身の信実の行為が神から義とされたこと、これを「キリストの義認」と呼んでいます。そしてキリスト者も、キリストと同じような神への忠実さ、神への信実な生き方に参与することで義とされる、ということです。パウロが

9　Ibid., 53 参照。
10　ヘイズ（二〇一五年）、前掲同書、二九七頁。
11　前掲同書、三七三頁。

ローマ書3章26節で、「神は、イエスの信仰からの者を義とする」（直訳）という簡潔ながら分かりにくい言い方をしていますが、これはイエスの信仰（信実）を共有する人々を義とすると解することができます。もちろん、キリスト者は皆がイエスのように十字架で死ぬことで、その信仰を表すわけではありません。そのような殉教者が教会の歴史の中でいたことは確かですが、そうでないキリスト者の方がずっと多いでしょう。しかし、その場合でもすべてのキリスト者の生き方には、キリストの信実な生き方が別な形で反映されているはずなのです。そして、そのようなことを可能にするのが「イエスのストーリー」の力なのだ、とヘイズは語ります。

広く認識されているストーリーの属性は、聴衆を、そのストーリーの主人公と一体化する経験へと導く力である。まさにこの理由において、ストーリーは共同体創造の手段として機能することができるのである。それは、多数の個人が、単一のストーリーの内に共通のアイデンティティーを見出すからである。ある共同体の自己理解にとって基礎的になったストーリーの場合、共同体の成員の主人公との一体化はきわめて包括的で、その主人公の運命への「参与」として語ることができる。もしパウロの福音がイエス・キリストのストーリーであるとすれば、それは、どのストーリーの場合でも主人公に参与するのとある程度同じ仕方で、私たちがキリストに参与（あるいは一体化）するということである。私たちは、ストーリーが私たちに対する権利を主張し、その世界へと私たちを引き込んでいることに気づく。[12]

このように、パウロの福音の本質を「イエス・キリストのストーリー」として捉え、そのストーリーはすべてのキリスト者にその物語世界への参与を要求しているというヘイズの主張は、単に新約聖書学界に留まらない、キリスト教会そのものの信仰の在り方を変革するインパクトを持っています。その意味で、ヘイズはニュー・パースペクティブの真の担い手の一人と言えるでしょう。

12　前掲同書、三七六頁。

第9章　パウロとイスラエルのストーリー
――N・T・ライト

1　NPPにおけるライトの貢献

N・T・ライト（一九四八－）はNPPの代表的な研究者としてE・P・サンダースやジェイムズ・ダンと共に常に名前の挙がる人物です。しかし、サンダースやダンのNPPへの貢献は何か、と問われれば比較的容易に答えられるのに対し、ではライトはというと、答えるのはそう簡単ではありません。サンダースの場合は「契約維持の律法制（covenantal nomism）」というキーワードによって古代ユダヤ教を再定義したこと、ダンの場合は「律法の行い」がユダヤ人を異邦人から区別する役割を持っていた（boundary marker）という面を明らかにしたことが高く評価されました。ライト自身も先達たちのこれらの主張を受け入れ、継承しています。それでは、ライトが新たなパウロ理解のために提示した独自の論点とは何だったのでしょうか。

ライトの主張を理解するためには、前章で取り上げたリチャード・ヘイズとの関係に注目する

N.T. ライト

必要があります。ヘイズは、パウロの神学の根底には物語構造があり、その物語とはイエス・キリストのストーリーなのだと論じました。そして、「キリストのピスティス（πίστις Χριστοῦ）」という注目すべきフレーズは、そのキリストのストーリーが凝縮されたキャッチフレーズ、イエスの生き方そのものを示していると主張しました。ライトはこのヘイズの提題を受けて、パウロの抱いていた「イエス・キリストのストーリー」とはより大きなストーリー、つまり「イスラエルのストーリー」の一部であり、またクライマックスなのだと論じています。換言すれば、パウロ神学の根底にある物語構造とは「イスラエルのストーリー」であり、このストーリーにクライマックスをもたらしたのがキリストの出来事（キリストのストーリー）なのだということです。ライトがＮＰＰの中で果たした貢献とは、パウロ神学をイスラエルのストーリーという大きな枠組みの中で捉え直そうとしたことだと言えるでしょう。

2　イスラエルのストーリー

ライトはこの主張を擁護するために、根本的なレベルから論考を始めます。それは哲学の領域、それも認識論についての議論からです。ライトは「批判的実在論（critical realism）」の立場に立っていますが、この哲学的立場についての詳しい解説はライト自身の著作に譲ることとして[1]、ここではライトの主張の要点に絞って紹介します。ライトは、人が知識を得るプロセスにおけるストーリーの重要性を訴えます。人がある出来事に遭遇し、その出来事の意味を自分の中で咀嚼し、確立するためには、その出来事を自分が抱いているストーリーという枠組みの中で理解しようとする、というのです。ライト自身の挙げる例を以下に引用しましょう。

私はドライブしていて、いろいろな事柄について思いを巡らせている。しかし、車とドライブと道路についての基本的なストーリーについては何の疑問も持っていない。そのうち車がガタガタし始める。そこで私は、この現象を説明してくれそうなさまざまなストーリーを自問し始める。「たぶん市議会が道路工事をしていて、まだ整地を終えていないのだろう。」、「ひょっとするとパンクしたのかもしれない。」、「おそらくサスペンションに何か問題があるのだろう。」これらの仮説は、ストーリーに潜在的に欠けている部分を埋め合わせてくれる。仮説が適切にストーリーに加わることにより、私の日常的なストーリーは「説明的なストーリー」に変化する。これらの仮説がどこから生じてくるのかを説明するのは困難だが、これは大切なことだ。それらは直感というプロセスを通じて現れるようだ。そして、（前記の例に戻ると）私の前の車がフラッシュで合図してきて、そのドライバーが指で私の車のタイヤの一つを指差す。ただちに二番目のストーリーが大きく浮かび上がってくる。私は車を停めて、タイヤを点検する。案の定、タイヤはひどい状態だった。さらなる二つの情報、つまり他のドライバーの行動とタイヤの状態、それらは私に二番目のストーリーが現実とぴったり符合することを確信させてくれる。私の語ったストーリーの内の一つが、「満足のゆく説明的なストーリー」として浮上した。[2]

これはごく日常的な場面で、ある出来事（ここでは車が走行中にガタガタすること）の意味を認識するという行為が、その出来事を体験し、また目撃した人の抱いているストーリーという枠組みの中で起こることを示す実例です。人は出来事の意味をありのままに（客観的に）知るのではなく、自らがあらかじめ抱いているストーリーの中でその出来事を理解しようとし、それがうまくいかない場合には、そのストーリーに代わる、新たなストーリーを模索していくということです。

これは日常的な出来事だけでなく、もっと大きな、歴史を揺るがすような出来事や事件についても当てはまります。例えば太平洋戦争時の日本について考えてみましょう。そのころ「神州不滅神話」なるストーリーが、意識的にせよ無意識にせよ日本人の心の中にあったことは否定でき

1　Ｎ・Ｔ・ライト『新約聖書と神の民（上巻）』（山口希生訳、新教出版社、二〇一五年）、第2章を参照。
2　ライト、前掲同書、九五頁。

ません。一〇倍以上の国力を持つ当時のアメリカ合衆国に戦いを挑むというのは、普通に考えればあり得ないことですが、そのような無謀な戦いに勝利すると信じさせたものが、当時の日本人の間で抱かれていたストーリーでした。それは、日本は天子を戴く特別な国であり、危機においては神風のような神助を得て外敵に打ち勝つことができるというストーリーです。もちろん戦時中の日本人にも多様性があり、神州不滅のストーリーなど信じずに、日本の敗戦を早くから見抜いていた人もいたでしょうが、しかしこの「公式（官製）の」ストーリーが多くの日本人の心の支えであったことは否定できないでしょう。しかしこのストーリーは、日本全土が徹底的に痛めつけられた挙句の全面降伏という出来事によって覆されます。神州不滅のストーリーにおいては敗戦などという出来事はありうべからざることでしたが、今やそのあり得ないことが起こってしまったのです。その時、多くの日本人は自分が抱いてきたストーリーの修正を迫られ、そして新たにされたストーリーの枠組みの中で敗戦という出来事の意味をとらえ直そうとするのです。

パウロの同国人のユダヤ人たちも、「イスラエルのストーリー」を抱いていたはずです。一世紀のユダヤ人たちが世界最強のローマ帝国を相手に無謀な戦争を仕掛け、エルサレムで何年も籠城戦を続けたことの背後には、日本人と同じような「神州不滅」ならぬ「聖都不滅」の信仰を、少なからぬユダヤ人が抱いていたからでした。しかし、多くの日本人が二度の原爆投下を受けて自らのストーリーを断念せざるをえなかったように、ユダヤ人たちも紀元七〇年のエルサレムと神殿の破壊、さらにはその後のバル・コクバの反乱の失敗という二度の破局を目のあたりにして、自らのストーリーを諦めざるを得なくなりました。

　では、この一世紀のユダヤ人たちに聖都不滅の信仰を抱かせた「イスラエルのストーリー」とは、より正確にはどのようなものだったのでしょうか？　ここでライトは、彼の神学的テーゼとも言える「**継続する捕囚とその終わり**」というストーリー・ラインを提唱します。パウロの時代のユダヤ人たちは、バビロン捕囚がエルサレムに帰還してからも比喩的な意味でずっと継続していると考えていましたが、その捕囚からの真の解放が近いという希望を抱いたからこそ、ローマ帝国からの解放戦争を戦ったのだ、ということです。ここで、バビロン捕囚がエルサレムへの帰還後も継続していたという見方について少し解説します。

　ユダヤ民族は紀元前五八七年に、バビロニア帝国によってエルサレム神殿（ソロモン神殿）を破壊され、王侯貴族をはじめ指導的立場の人々はバビロンに捕囚の民として連行されます。このバビロン捕囚は、次なる世界帝国であるアケメネス朝ペルシアのキュロス大王がバビロンを滅ぼし、捕囚となっていた諸民族の指導者たちを祖国に帰還させたことによって終了します。エルサレムに戻ったユダヤ人たちは紀元前五一六年に神殿を再建し（第二神殿）、これによって預言者エレミヤによって語られた、バビロン捕囚は七〇年で終わるという預言が成就したように見えました（エレ25・11－12、29・10）。しかし、捕囚が終わったからと言って、ユダヤ民族は独立を勝ち取ったわけではありませんでした。彼らは祖国に戻っても被征服民のままであり、異邦人支配による政治的・経済的圧迫に苦しみ続けました。次のネヘミヤの祈りは、捕囚から帰還したユダヤ人たちの忸怩たる思いを端的に言い表しています。

このとおり、今日私たちは奴隷の身です。
その実りと恵みを享受するようにと
あなたが私たちの先祖にお与えになった
この地で
このとおり、私たちは奴隷の身です。
この地の豊かな産物は
私たちの罪のゆえに
あなたが私たちの上にお立てになった
王たちのものとなっています。
彼らは私たちの体をも支配し
私たちの家畜も、彼らの意のままです。
私たちはたいへんな苦しみの中にいます。（ネヘ９・36－37）

この異民族への隷属状態はペルシア統治が終わっても続きました。ユダヤ人たちはペルシア、ギリシア、エジプト、シリア、そしてローマと、次々と登場する世界的な帝国に支配され続けました。ユダヤ人たちはキュロスによって、バビロンにおける捕囚状態からは解放されましたが、ユダヤの地における捕囚状態は継続していたとも言えます。実際、ユダヤ人たちの間には、自分たちはいまだに捕囚状態にいるという思いがあり、その真の終わり、捕囚状態（異民族支配）からの解放を待ち望んでいました。これが、ライトの提唱するユダヤ人たちの抱いていた「**継続する捕囚とその終わり**」というストーリーです。この継続する捕囚というストーリーを最も端的に示しているのがダニエル書の9章の預言です。ダニエル書の最終的な編纂は、紀元前二世紀のユダヤ解放戦争であるマカバイ戦争の頃だとされています。したがって、以下のダニエルの預言から、バビロン捕囚の終わりから数世紀経った後のユダヤ人の心情をうかがい知ることができます。

> ダレイオスの治世第一年のことである。メディア出身で、クセルクセスの子であるダレイオスは、王となってカルデア人の王国を支配していた。王の治世第一年、私ダニエルが文書を読んで理解したのは、預言者エレミヤに臨んだ主の言葉によれば、エルサレムの荒廃が終わる年数は七十年だということである。[3]

ここで預言者ダニエルは、エレミヤの預言によりバビロン捕囚は七〇年で終わることを知り、

3　ダニエル9・1−2。

その約束が速やかに成就され、イスラエルの復興が成し遂げられることを祈り求めますが、神からの使者ガブリエルはそれが七〇年では終わらず、七の七〇倍、つまり四九〇年間にも及ぶと語られています（ダニ9・24－27）。これが文字通りの四九〇年間なのか、あるいは象徴的な数字として非常に長い期間を表しているのかには議論があるものの、パウロの時代のユダヤ人たちはこれを文字通りの四九〇年と取って、その終わりがいつ来るのかを計算していたことが分かっています。[4] キリスト教の歴史においても、一九世紀以降に終末論を強調する様々なキリスト教からの分派が世の終わりやキリストの再臨の時期を計算しようとし、その際にこのダニエル書の預言を参照したことを思い起こさせますが、それと似たようなことを二千年前のユダヤ人たちもしていたのです。そして、この四九〇年が充ちる時、それが先ほどのユダヤ人のストーリー、「継続する捕囚」が終わる時だということです。この継続する捕囚が終わる時とは、イスラエルの罪への「神の怒り」が終わる時、イスラエルのすべての罪が赦される時でもあります。そして、そのような罪の赦しを得るためにぜひとも必要なものが「悔い改め」でした。ダニエルもその祈りの中で、罪を告白してその赦しを求め、それによって「神の怒り」の時代が終わり、新しい時代が始まることを願いました。そして、その新しい時代が始まるのが四九〇年後なのだと、天使ガブリエルは告げたのです。ダニエルに与えられた神の託宣によれば、四九〇年が充ちる時とは、「背きを終わらせ、罪を封印し、過ちを償い、永遠の義をもたらす」時でした（ダニ9・24）。そしてイエスの十字架と復活こそが、それらすべてを実現したのだ、というのがパウロの十字架理解であったと、ライトは論じています。

3　契約の呪いと「継続する捕囚」

このようにライトは、パウロもこの「継続する捕囚とその終わり」というイスラエルのストーリーを同時代人のユダヤ人たちと共有していたと主張しています。では、具体的にはどの箇所からそう言えるのでしょうか。ここで、ライトの聖書釈義を具体的に紹介します。

パウロがモーセの律法をどのように捉えていたかという問題について、しばしば引用されるのが以下のガラテヤ書の有名な一節です。

律法の行いによる人々は皆、呪いの下にあります。「律法の書に書いてあるすべてのことを守らず、これを行わない者は皆、呪われる」と書いてあるからです。律法によっては、誰も神の前で義とされないことは明らかです。なぜなら、「正しい者は信仰によって生きる」からです。（ガラ3・10－11）

4　ライト、前掲同書、五五三頁。

パウロはなぜ、律法の行いによる人々は呪いの下にあると主張しているのでしょうか。プロテスタントの伝統的な理解では、この一節については以下のような三段論法が考えられてきました。

a　律法（トーラー）全体を行おうとして、それに失敗すれば呪われる。
b　［暗黙の前提］律法全体を完璧に行える人はだれもいない。
c　したがって、律法を行おうとするすべての人は呪われる。[5]

しかし、この三段論法の内で、暗黙の前提であるbについてパウロが明確に述べている箇所はありません。むしろ、パウロはそれと相反するようなことを記しています。パウロは回心前の自分のことを、「律法の義に関しては非の打ちどころのない者でした」と明言しています（フィリ3・6）。パウロだけではありません。ルカ福音書は、洗礼者ヨハネの両親のことを「二人とも神の前に正しい人で、主の戒めと定めとを、みな落ち度なく守って生活していた」と書いています（ルカ1・6）。このように、新約聖書には律法全体を行うことが不可能だというような前提はないように思われます。ここで注意したいのは、律法全体を行うことと、人生において一切の罪も過ちも犯さないということは別物だということです。モーセ律法は、確かに律法全体を行うことを要求しますが、同時に人間が罪に傾きやすいことを理解し、罪に陥った人のための救済措置、贖いの手段をレビ記などに詳細に記しています。パウロが自らを評して「非の打ちどころがない」と記したのは、自分は一度も罪を犯したことがないという意味ではなく、むしろ最大限の努力を払って律法を守り、それに違反してしまった場合には悔い改めと罪の赦しのための儀式を忠実に行った、と解するべきでしょう。このように考えると、先の三段論法のｂについては、パウロがそのような前提を持っていたとは考えにくいということになります。

ではなぜパウロは、律法の行いによる人々は呪いの下にあると主張したのでしょうか。律法不可能説に代わる、別の説明があるのでしょうか。ライトはこの点について、「**継続する捕囚とその終わり**」というストーリー・ラインから説明しようとします。ここでまず考えるべきなのは、パウロがここで語っている「呪い」が適用されるのは誰だったのか、という問題です。この呪いは、契約の民だけに適用され、契約の外にある異邦人には適用されません。そのことを端的に示しているのが申命記の以下の記述です。

それは、あなたの神、主の契約、すなわち、今日、あなたの神、主があなたと結ばれる、呪いを伴う契約に入るためである。（申29・11）

ここで注目されるのは、モーセ契約には「呪い」が伴っていること、そしてこの契約の呪いと

5　Cf. N. T. Wright, *The Climax of the Covenant* (Minneapolis: Fortress, 1992), 144.

いう脅威にさらされているのは契約に入った者たちだけだということです。ですから、イスラエル人以外の外国人にはこの呪いは適用されません。さらに重要なのは、神は個々のイスラエル人との間で律法についての契約を交わしたのではなく、イスラエル民族全体と契約を交わしたということです。したがって、たとえイスラエル民族の中の何人かがモーセの律法を忠実に守ったとしても、他の多くの人々がそうしなかったならば、忠実な人たちでさえ契約の呪いを免れることはできないということです。モーセ契約は、連帯責任を問う構造になっています。したがって、契約の呪いは、契約の呪いの誓いに縛られたすべてのイスラエル人に及びます。

イスラエルは紀元五八七年に聖都エルサレムとその神殿とを失い、亡国の憂き目に遭いますが、それは預言者エレミヤを含めてイスラエルには神に忠実な人が一人もいなかったからではありません。エレミヤは神に忠実だったけれども、彼は神に逆らう民族全体と亡国の運命を共にしなければなりませんでした。つまり、エレミヤも「律法不履行による契約の呪い」の下にいたのです。そしてエレミヤが律法の呪いの下にあったのは、彼にとって律法を行うことが不可能だったからというよりも、むしろ彼がイスラエルの契約共同体の一員として他の人々との連帯責任を問われたからです。そして、先に指摘したようにこの「呪い」はバビロン捕囚の七〇年では終わりませんでした。ダニエル書が完成した紀元前二世紀には、まだ契約の呪いとしての捕囚が継続していると考えたユダヤ人たちがいました。ライトによれば、紀元一世紀に生きたパウロもこの認識を共有していました。パウロは、自分がキリストへの信仰に導いた異邦人たちが律法を守ることを通じてモーセ契約に入ることを、阻止しようとしました。なぜなら、モーセ契約の外にいる異邦人信徒が律法を受け入れる場合、その異邦人信徒はモーセ契約の誓いの下に置かれることになり、それゆえ他のイスラエル人たちと共に律法の呪いの下に置かれてしまうことになるからです。この点は、以下のようなロジックとして示すことができます。

a　異邦人でも律法（トーラー）全体を受け入れる人はすべて、イスラエル民族としての生き方を受け入れることになる。

b　歴史的に、イスラエルは民族全体として契約の呪いに苦しんできた。その呪いはイスラエル民族全体が律法を守らない場合に下される。

c　したがって、律法を受け入れる異邦人は今や、（イスラエル民族の一員として）契約の呪いの下にいることになる。[6]

このロジックを前提とすると、律法の行いによる人はすべて呪われるとパウロが主張した理由は以下の三段論法によって示すことができます。

6　Ibid., 147 を参照せよ。

a　イスラエル民族全体は、律法（トーラー）を守ることに失敗した場合、呪いの下に置かれる。
b　イスラエル民族全体は、律法を守ることに失敗した。
c　したがって、イスラエル（＝律法の行いによる人々）はすべて律法の呪いの下にある。

なぜ律法を行おうとする者は呪われるのか、それは律法がそもそも実行不能だからではないということです。譬えるならば、野球チームの中に大谷翔平選手のようなずば抜けた選手が一人だけいても、後の八人が素人同然ならば試合には勝てない、その結果大谷選手も負け組に入ってしまうということです。ユダヤ人の中に、律法を忠実に守る人がいたとしても、彼は契約共同体の一員として、他の人々の失敗の結果を引き受けなければならないのです。

パウロがガラテヤの異邦人信徒たちに、割礼を受けることを思いとどまらせようと必死になったのは、割礼を受けるとは、すなわちユダヤ人になること、イスラエルの契約共同体の一員になることを意味し、そしてひとたび契約の一員となれば、その人個人が律法を守っているかどうかにかかわらず、契約共同体とその運命を共にしなければならなくなるからです。契約共同体がすでに呪いの下にあるならば、新たに契約に入った人はその呪いをも引き受けることになります。イスラエル共同体の上にのしかかる「**継続する捕囚**」の状態に置かれてしまうことになるのです。

４　捕囚の終わりと異邦人への祝福

先のＥ・Ｐ・サンダースの章で、「義とされる」という言葉は、「契約共同体の一員と認められる」という意味だとサンダースが解していることを指摘しましたが、ライトもそれを踏襲しています。[7] この解釈に立てば、パウロの「律法によっては、誰も神の前で義とされないことは明らかです」という主張は、「律法を行うことでは、その人は契約共同体の真の一員とは見なされない」と言い換えることができます。このことは、モーセ契約という観点から考えれば、全く意味が通らないものです。なぜなら、モーセ契約共同体の一員として認められるためには、割礼等の「律法の行い」を実践することが必須だからです。しかし、パウロは今や神の契約そのものが新しくされたので、その新しい契約においては「律法の行い」を実践することが契約の一員として認められる要件とはならない、そう考えていたのだとライトは論じます。では、新しい契約の一員になるための資格とはどんなものか、何が求められるのでしょうか。それがイエスへの「信仰」です。このように考えると、パウロが「律法」と「信仰」とを対比したのは、律法を完全に行うのは不可能なので、神は「信じるだけ」という、救われるための別の道を用意したというよ

7　Ibid., 148。

うな話ではなく、「モーセの契約」と「新しい契約」という二つの契約の一員として認められるための要件がそれぞれ「モーセの律法の行い」と「イエスへの信仰」であったということです。[8]では、どのようにして「モーセ契約」の捕囚時代が終わり、「新しい契約」の祝福の時代が始まったのでしょうか。それはイエスの死によって実現した、とパウロは見ていました。

キリストは、私たちのために呪いとなって、私たちを律法の呪いから贖い出してくださいました。「木に掛けられた者は皆、呪われている」と書いてあるからです。（ガラ3・13）

ライトはこの「キリストが呪いとなった」という箇所を、「キリストがモーセ契約の呪い、つまり継続する捕囚を一身に引き受けた」と解します。つまりここでの「呪い」を、人類全体が犯してきた罪の総体への罰というような一般的な意味ではなく、「モーセ契約」という神がイスラエル民族とだけ結んだ個別具体的な契約の不履行によって生じた呪いと解するのです。十字架刑は、ローマ帝国による異民族への力の支配のシンボルであり、イエスが十字架上で死んだことは、神の怒りによってもたらされたユダヤ民族への契約の呪い、「継続する捕囚」、すなわち異邦人への隷属を、イエスが最悪の形でその身に負うたということなのです。ライトはこのことを次のように言っています。

パウロにとって、ローマ帝国の十字架上でのイエスの死、それは紛れもなく神の民の継続する隷属状態を象徴するものだったが、それは捕囚をクライマックスに導くものだった。[9]

モーセ契約は、イスラエル共同体を契約の呪いの下に置き続けてきましたが、キリストは自らが極限までその呪いを引き受けることで、呪いの下にある人を救い出し、彼らが神との新しい契約に入ることを可能にしました（しかしキリストを拒んだユダヤ人たちは異邦人への隷属という捕囚状態に置かれ続け、数十年後に最悪の形で呪いを受けることになったということです）。ここで注目したいのは、モーセ契約の呪いである継続する捕囚に苦しんでいたのは人類全体ではなく、契約の当事者であるユダヤ民族だけだったということです。したがってライトは、「私たちのために呪いとなって、私たちを律法の呪いから贖い出してくださいました」という一節の「私たち」をキリスト教徒全般ではなく、特にユダヤ人キリスト教徒を指していると解します。ユダヤ人以外のキリスト教徒はモーセ契約の誓いに縛られておらず、したがってモーセ契約の呪いの下にもいなかったからです。

では、キリストが呪いとなって捕囚の時代を終わらせたことで恩恵を受けるのはユダヤ人だけ

8　Ibid., 148–51 を参照。
9　Ibid., 146.［拙訳］

なのかというと、決してそうではありません。キリストが呪いとなったのは、モーセ契約の時代を終わらせて、新しい契約の時代を招致するためでした。そしてこの新しい契約の時代は、異邦人への祝福というアブラハムへの神の約束がついに実現する時代でした。それは次の神の言葉に端的に示されています。

地上のすべての国民はあなたの子孫によって祝福を受けるようになる。（創22・18）

イスラエルは、地上全ての民族に祝福をもたらすという使命を帯びた神の民でした。しかし彼らが継続する捕囚状態に置かれ、他の民族とは敵対関係に置かれていたため、諸国民に祝福を届けるというイスラエルの使命は果たされないままになっていました。この袋小路を打破したのがイエスの死と復活であったと、ライトは論じます。

パウロの議論の第一の結果は、明らかに、異邦人たちがついに創世記12章、15章、18章に約束されていた祝福を受けられるようになったことだった。キリストは、アブラハムの真の子孫として、アブラハムの子孫たちがこれまで失敗してきたこと、すなわち諸国民の光になることを実現する手段となったのだ。[10]

キリストはその死と復活を通じて、自分を信じるユダヤ人たちを契約の呪いから贖い出しました。そしてこれらのユダヤ人キリスト者たちは約束の聖霊を受けて、諸国民の救済というイスラエルの使命を果たすために遣わされていきます。こうしてみると、イエスの死と復活は、世の光となるべく召されたイスラエルのストーリーのクライマックスであり、それと同時に、ユダヤ人も異邦人もなく、一つの神の家族とされた新しい契約の民が世界に広がっていくという新たな時代、新たなストーリーの幕開けでもありました。

本章では、パウロ神学を「イスラエルのストーリー」という視点から読み解こうとしたライトの議論を簡潔に紹介しました。このライトの試みもまた、パウロを第二神殿時代のユダヤ教との関係の中で理解しようとするNPPの重要な貢献の一つです。[11] ライトの議論については、①紀元一世紀のユダヤ人たちの多くが「**継続する捕囚とその終わり**」というストーリーを抱いていたと本当に言えるのか、②また、パウロがそのようなストーリーを共有していたのか、という点についてさらなる検証が必要でしょうし、ライトに対する反論も少なくありません。しかし、パウロ神学を大きなストーリー（グランド・ナラティヴ）という枠組みの中でとらえていこうとする目論見は、これからもさらに続けられていくでしょう。

10　Ibid., 154.［拙訳］
11　ライトと同時期に公表された類似の研究として、James M. Scott, "Pauls's Use of Deutronomic Traditions", *JBL* 112/4 (1993), 645–665.

第3部　ポストＮＰＰの旗手たち

　第3部では、ＮＰＰの考え方が学界に浸透していった後に、その洞察をさらに深めて前進させようと試みる気鋭の研究者たちを、ほんの一部ですが紹介します。ポストＮＰＰの学者の名前は数多く上げることができますが、ここでは代表的な二名のみを取り上げます。

　一人目はダグラス・キャンベルです。キャンベルは、ダイアトライブという修辞的技法に着目し、ローマ書1－3章に関して奇抜と思えるほど大胆な解釈を提示します。しかもそれは、パウロの救済論の中心にあるのは何であるのかという真摯な探求心に基づくものでした。

　そして最後に紹介する研究者がジョン・バークレーです。バークレーはパウロ神学における最も重要な神学用語の一つである「恵み」について、深く鋭い分析を行いました。バークレーは「恵み」と訳されるギリシア語のカリスを「贈り物」と訳すべきだとし、パウロにとって神からの「贈り物」はどのような意味で全きものであったのか、という問いについて啓発的な議論を展開します。

第10章　キリストは身代わりか、解放者か

——ダグラス・キャンベル

1　パウロの救済論の中心にあるのは

パウロ神学、とりわけパウロの救済論に関して近年学界で活発に議論されている問題の一つは、パウロの救済理解の中心にあるのはローマ書１－３章なのか、あるいはローマ書５－８章なのか、という問いです。端的に言えば、ローマ書１－３章は全人類を神の法廷に立たされる被告人として提示します。パウロはまず、異邦人が創造主を知りながら感謝することも崇めることもせず、むしろ造られたものを神として礼拝する、つまり偶像礼拝に陥っていく様を描きます。その偶像礼拝は多くの悪徳を生み出し、人類は神の前にますます堕落していきます。そのような状況の中、ユダヤ人は真の神を知る者として異邦人を教導しなければならないにもかかわらず、異邦人以上にひどい罪を犯しているとパウロは糾弾します（ロマ２・17－23）。その結果、ユダヤ人も異邦人も等しく犯罪者として神の裁きの下に立たされます。彼らが救われる道は一つだけ、すなわち彼

らの身代わりとして神の罰を受けた神の御子キリストを信じることだ、という結論に導かれます。これが、代償刑罰説に則った伝統的なローマ書1－3節の読み方だと言ってもよいでしょう。

それに対し、ローマ書5－8章は全く異なる視点から人類の救済の道筋を描きます。全人類は、生まれたときから自由な意思を奪われ、「罪」と「死」という敵対的な力の下で奴隷として生きることを余儀なくされます。彼らは「罪」の奴隷として、本心では望んでいない罪を犯さざるを得ないという悲惨な状態にあります（ロマ7・20）。そのような惨めな状態にある人類を救い出すために、キリストはその死と復活により「罪」と「死」の支配を打ち砕きました。キリストにより、今や全人類には新たな可能性が拓かれました。「罪」の奴隷から解放され、キリストの与える聖霊によって自由に生きるという可能性です。

つまりローマ書では、一方では人類は自ら進んで多くの罪を重ねる罪人、他方では「罪」の奴隷として働かされる無力で哀れな存在という、全く正反対の立場に置かれたものとして示されています。救済論の観点からは、前者の場合に必要なのは全人類の身代わりとして罪の罰を引き受けるいけにえ、後者の場合には人類を奴隷状態から解放してくれる解放者、ということになります。イエスの生涯、とりわけその死と復活をどちらの角度から見るかで、イエスの死は人類の身代わりとしての死刑執行とも、また死を打ち砕くための勝利への道とも捉えられます。キリスト教の歴史を振り返れば、前者を強調してきたのが西側の教会、後者は東方正教会ということになります。[1]　久松英二は西方教会と東方教会の違いについて、次のように指摘します。

［西方教会の理解において］パウロによれば、キリストの死は徹頭徹尾贖罪の業、つまりアダムとエバの犯した原罪によって台無しにされた人間本性の治癒のために、その代償として払われた犠牲の死である。その死の犠牲性が大きいほど、そこからもたらされる贖罪効果も大きくなる。したがって、キリストの死は徹底して際限のないマイナスでなければならなかった。死の底知れぬ悲劇性、苦痛、過酷さが強調されればされるほど、十字架の恩寵は輝きを増す。［……］

東方神学者メイエンドルフが指摘しているように、東方教会の伝承の中では、パウロの贖罪論はほとんど何の痕跡も残していない。そのかわり、むしろ、ヨハネ福音書に強調される受肉思想が東方神学の鍵となっている。［……］

神化とは神の本性への与りに他ならないが、東方の教父たちは、それを主として神の命への参与、つまり「不死性」への与りとして理解した。だから、死が救済の決定的完成なのであるから、それは人間が「不死性」に参与する契機をキリストの死によって獲得できるようになったという理屈になる。これを象徴的に言い直すならば、不死性とは反対のもの、つまり人間存在の条件たる「死」そのものが、キリストの死によって敗北させられた、という信仰表現が浮かび上がる。だから、メインドルフは、キリストの死を「人間性をその強奪的支配の下に押さえつけ、罪と腐敗の悪循環の中へとそれを押し込む恐るべき死の宇宙論的実在を敗北せしめる」ものと断言しているのである。[2]

このように久松は、キリストの死を代償的なものして捉える視点をパウロの贖罪理解に基づくものとし、キリストの死と復活を「死」への勝利と見なす視座をヨハネ的なものだと論じています。しかし、特にローマ書5－8章において、パウロ自身もキリストの死を宇宙的な諸力への勝利という観点から描いています。そのことは西洋のキリスト教神学においても、グスターフ・アウレンの『勝利者キリスト――贖罪思想の主要な三類型の歴史的研究』の公刊以来、[3] 広く認識されるようになっていますし、アウレンが指摘するように宗教改革者ルターもそのような見方を共有していました。今日の新約聖書学界においても、「黙示的パウロ」研究の立場に立つ学者たちは、これこそパウロの真の救済思想を反映していると論じています。

1　Timothy Ware, *The Orthodox Church: An Introduction to Eastern Christianity* (3rd ed. Milton Keynes: Penguin Random House, 2015), 223を参照。なお、同書には邦訳があります。ティモシー・ウェア『正教会入門』（松島雄一訳、新教出版社、二〇一七年）。

2　久松英二『ギリシア正教　東方の智』（講談社、二〇一二年）、一六二、一六四－五、一六五－六頁（久松による強調）。

3　スウェーデンでは一九三〇年に、英語訳（Christus Victor）は一九三一年に公刊。日本語訳は、教文館から一九八二年に出版されている。

ダグラス・キャンベル

とはいえ、聖書釈義の観点からすれば、ローマ書１－３章（代償的な死）と５－８章（勝利説）が異なる救済的視点を提起しているとしても、それらに優劣をつけることはできません。どちらもパウロによって書かれたものである以上、両方ともまごうことなきパウロの真正な視点なのだということになるからです。この問題について、ダグラス・キャンベルは斬新ともいえる新しいアプローチを示しました。キャンベルはまず、伝統的なプロテスタントのローマ書１－３章の理解の問題点を詳細に、かつ徹底的に論じます。[4] そしてキャンベルは、ローマ書５－８章こそパウロの本質的な救済理解を反映していると主張します。この点では彼も他の黙示的パウロ論者と同様ですが、彼が際立っていたのはむしろローマ書１－３章の釈義においてでした。

２　パウロとダイアトライブ

さて、キャンベルによるローマ書１－３章の新しい読み方を理解するために、ここで当時のギリシア・ローマ世界で広く用いられていた一つの修辞学的技法を取り上げましょう。パウロが活躍した紀元一世紀の地中海世界には、ダイアトライブ（diatribe）という文学技法がありました。

それは、自らの教説の中に想定上の論敵を設定し、その論敵の意見を論破していく形で議論を進めていくことです。その具体例をパウロ書簡の中で見てみましょう。

私には、すべてのことが許されています。しかし、すべてのことが益になるわけではありません。私には、すべてのことが許されています。しかし、私は何事にも支配されはしません。食物は腹のため、腹は食物のためにあります。神はいずれをも無効にされます。体は淫らな行いのためにあるのではなく、主のためにあり、主は体のためにおられるのです。（Ｉコリ6・12－13ａ）

この一文を、すべてパウロの言葉と考えるならば、彼が何を言っているのかを理解するのはかなり困難です。パウロは自分で言ったことをすぐさま否定しているように見えるからです。まるで独り芝居を聞かされているように感じるかもしれません。しかし、この一文をダイアトライブとして理解するなら、パウロの意図は明確になります。[5]

4　Cf. Douglas A. Campbell, *The Deliverance of God: An Apocalyptic Rereading of Justification in Paul* (Grand Rapids: Eerdmans, 2009).

5　Cf. J. Paul Sampley, *The First Letter to the Corinthians* (NIB vol.10, Nashville: Abington Press, 2002), 860–2.

（論敵）：私には、すべてのことが許されています。
（パウロ）：しかし、すべてのことが益になるわけではありません。
（論敵）：私には、すべてのことが許されています。
（パウロ）：しかし、私は何事にも支配されはしません。
（論敵）：食物は腹のため、腹は食物のためにあります［同じように、体は性欲を満たすためにある］。
（パウロ）：神はいずれをも無効にされます。体は淫らな行いのためにあるのではなく、主のためにあり、主は体のためにおられるのです。[6]

これは、「すべてのことが許されている」、「体は欲望を満たすために造られたのだ」と強弁し、キリスト者としての倫理的責任を投げ捨てようとする想定上の論敵に対し、「しかし、すべてのことが益になるだろうか」、「しかし、あなたは単に自分の欲望に支配されているだけではないか」とパウロが反論しているのです。もっともギリシア語本文にはどちらがパウロの論敵の見解で、どちらがパウロの意見なのかは何も書いていないので、これはパウロのテクストを解釈する人が判断するより他ありません。

キャンベルは、このダイアトライブという手法が、ローマ書１－３章ではより広範に、包括的に使われていると論じます。[7] 具体的には、ローマ書１章18－32節、２章に至ってはそのほとんどが、パウロの仮想上の論敵であるユダヤ人のキリスト教宣教師の言葉だと提起したのです。キャンベルは、ローマ書1章18－32節の異邦人糾弾のロジックが、第二神殿時代後期のユダヤ教文書に酷似していることを指摘します。以下に、紀元前一世紀にエジプトのアレクサンドリアで書かれたものとされる、旧約聖書続編に収録されている「知恵の書（ソロモンの知恵）」とローマ書とを並べてみましょう。

知恵の書13章1－2、4節

神を知るに至らなかった人々は皆
生来空しい者である。
彼らは目に見えるよいものを通じても
存在そのものである方を知ることができず
その御業に目を向けながらも
作者を知るに至らなかった。

6　新改訳2017では、この点が明確になるように訳されています。
7　キャンベルに先行して、ローマ書におけるダイアトライブに着目する研究は少なくありません。代表例としては、Stanley Kent Stowers, *The Diatribe and Paul's Letter to the Romans* (Atlanta: Society of Biblical Literature, 1981)。

彼らは火や風や素早く動く空気
星々を動かす天球や激しく流れる水
天において光り輝くものなどを
宇宙の支配者、神々と見なした。
［……］
もしこれらのものの力と働きに心を打たれたのなら
天地を造られた方がどれほど力強い方であるか
それらを通じて気づくべきであった。

ローマ書１章18－23節

なぜなら、神について知りうる事柄は、彼らには明らかだからです。神がそれを示されたのです。神の見えない性質、すなわち神の永遠の力と神性は、世界の創造以来、被造物を通してはっきりと認められるからです。したがって、彼らには弁解の余地がありません。なぜなら、彼らは神を知りながら、神として崇めることも感謝することもせず、かえって、空しい思いにふけり、心が鈍く暗くなったからです。自分では知恵ある者と称しながら愚かになり、不滅の神の栄光を、滅ぶべき人間や鳥や獣や地を這うものなどに似せた像と取り替えたのです。

このどちらも、「神」あるいは「創造主」の存在は特別な啓示なしに、創造主が造った自然を観察することでどんな人にも明らかであることが前提とされています。しかし、人は創造主を認めようとせず、むしろ創造されたものを崇めるようになった、これが偶像礼拝の起こりである、と知恵の書もローマ書も指摘します。そして、その後の知恵の書の教説の流れはローマ書とそっくりです。偶像礼拝は人間社会に様々な退廃や歪みをもたらし、殺戮や性的不品行、様々な悪徳が全地に蔓延するようになり、そしてそれらすべてが神の裁きを招きます。知恵の書は、「神を信じない者たちには、容赦のない怒りが下った」（19章1節）と、全人類を待ち受ける厳しい裁きについて語ります。このような論理の流れはローマ書1－3章と同じであり、違いはキリストの代償的な死という解決策が提示されていないことだけです。

3　カリカチュア（風刺）としてのローマ書1－3章

キャンベルは、知恵の書とほとんど同じ神学的前提に立っているローマ書1－3章での議論は、パウロ自身の信念を示すものではなく、むしろパウロの論敵の教説を揶揄したもの、ある種のカリカチュアなのだと主張しました。キャンベルによれば、ローマ書1－3章の目的はパウロと対立するユダヤ人キリスト教宣教師たちの主張の矛盾を指摘し、彼らの唱える「福音」（イエス・

キリストを信じることに加えてモーセ律法を実践すること）が破綻していることを示すことにありました。パウロがガラテヤ教会、フィリピ教会、あるいはコリント教会でユダヤ教の宗教実践を異邦人信徒たちに守らせようとする宣教師たちと鋭く対立していたことはそれらの教会宛の書簡から知ることができますが、[8] ローマ教会にもそうした宣教師たちの影響が及ぶのを恐れたパウロが、彼らの「福音」を痛烈に批判したのがローマ書1－3章だというのです。

　ローマ書1章18節以降は、ユダヤ教知恵文学である「知恵の書」と同じく、イエス・キリストによる特別な啓示がなくても、人間は自らの理性を働かせるだけで何が問題なのかが分かるという前提で書かれています。人間は自然を通じてその創造主を知ることが可能ですが、人間は自らの意志と判断で創造主に背を向けました（ロマ1・19－21、28）。また、人間は創造主が人間に何をすることを求めているのかを知っていて、それに逆らう生き方をした場合には死罪となることも知っています（ロマ1・32）。つまり、人間は特別な啓示なしに、神の存在も神の定めも知ることができるということです。キャンベルによれば、パウロは彼の論敵たちの説法をそのままコピーする形でローマ書1章18－32節を書き上げたということになります。それはなぜかといえば、彼らの説法が自家撞着をきたしていることを示すためでした。

　ローマ書2章からは、パウロの論敵たちの教説の矛盾点が明らかにされていきます。パウロの論敵たち自身の説法によれば、異邦人たちはモーセ律法を教えられる必要はありません。なぜなら彼らはモーセ律法を学ばなくても自然を通じて「神の掟」を学ぶことができるからです。しかしそうならば、異邦人にモーセ律法も教えてやろうとするパウロの論敵、ユダヤ人のキリスト教宣教師たちは、全く無駄な努力をしていることになります。異邦人は教えられなくても生まれながらに神の掟を知っているのですから！　モーセの律法を知らないのにモーセ律法の要求することを行う異邦人をパウロが例示したのは（ロマ2・14―15）、異邦人に律法を教えようとするユダヤ人宣教師たちの努力が的外れであることを示すためだったとキャンベルは論じます。

異邦人だけでなく、ユダヤ人も救われるためにはモーセ律法を持つだけでは十分ではないことを示そうとしたのが2章17節以降です。

> ところで、あなたはユダヤ人と名乗り、律法に頼り、神を誇りとし、御心を知り、律法に教えられて何が大切かをわきまえています。また、律法の中に、知識と真理が具体的に示されていると考え、盲人の案内者、闇の中にいる者の光、無知な者の導き手、未熟な者の教師であると自負しています。それなら、どうして、他人には教えながら自分には教えないのですか。盗むなと説きながら盗むのですか。姦淫するなと言いながら、姦淫を行うのですか。偶像を忌み嫌いながら、神殿を荒らすのですか。（ロマ2・17―22）

8　例として、第二コリント11・1―15、ガラテヤ5・1―12、フィリピ3・2―3など。

ここでパウロは、すべてのユダヤ人が神殿のものをかすめていると言いたかったわけではない、とキャンベルは指摘します。パウロはここで、ローマ皇帝ティベリウスがユダヤ人追放令を出した原因となった一大醜聞を念頭において書いていたと考えられるからです。世界各地に離散していたユダヤ人は、各地からエルサレム神殿を支えるために献金を送っていましたが、あるユダヤ人の宗教家がローマでこれらの献金を篤志家から集めた後に失踪してしまうという事件が、紀元一世紀の前半にあったのです。パウロは、いわばこの特殊な例を念頭に置いてユダヤ人が「神殿を荒らしている」という糾弾をしたのだとキャンベルは論じます。いずれにせよここでのパウロの狙いは、ユダヤ人の罪深さを暴露することではなく、ユダヤ人は律法を持っているからといって特別ではない、罪の力に抗えるとは言えないことを示すことにあったというのです。したがって、異邦人信徒はユダヤ人宣教師たちの指示に従って割礼やモーセ律法を受け入れる必要はないというテーゼが導かれます。ローマ書１－３章の目的は、まさにこのことを論証することにあったとキャンベルは結論づけます。

4　キャンベルへの評価

キャンベルによるローマ書１－３章の斬新な新解釈は大きな反響を引き起こしました。しかし、その反響は決して好意的なものばかりではありませんでした。特に、パウロが仮想上の論敵

（Speech-in-character）という文学技法をローマ書1－3章でこれほど広範に用いているという主張は十分に学界を説得させられませんでした。他方で、伝統的なプロテスタント的ローマ書1－3章の読み方へのキャンベルの抱く神学的懸念については、かなりの共感を得ていると言ってよいでしょう。父が子を罰することで満足したというようなロジックへのイギリス知識人の嫌悪感を、著者も何度か耳にしたことがあります。それとは異なるアプローチでローマ書1－3章のパウロの救済論を理解することは可能でしょうし、実際多くの研究者たちがそのような釈義的・神学的試みに挑戦しているのです。[9]

9　本邦における直近の重要な研究として、浅野淳博『死と命のメタファ——キリスト教贖罪論とその批判への聖書学的応答』（新教出版社、二〇二一年）が特筆されます。

第11章 「恵みのみ」を再考する
――ジョン・バークレー

1 「恵みのみ」とはどういう意味か？

宗教改革の三大モットーは「信仰のみ」、「聖書のみ」、そして「恵みのみ」だと言われます。その中でも「恵みのみ」というモットーはもっとも愛されているものかもしれません。特に、「人は恵みのみで救われる」と言われると、救いのハードルが限りなく低いものになったように感じられます。けれども「恵みのみの救い」という意味をとことん考えると、いろいろな疑問が生まれます。救いは一〇〇パーセント神の業であり、人間側が救いのためにできることはなにもないのだ、という風に捉えると、他のモットーである「信仰のみ」と抵触するように思われるからです。救いのためには、少なくとも「信じる」ということが人間側に求められるのであり、信じるという行為をするのが人間である以上、救いが一〇〇パーセント神の業とまでは言えないのではないか、という疑問が生まれるのです。この疑問に対しては、「いや、信仰も神様が無償で人間に与えてくれるものだから、やはり恵みのみなのだ」という答えがしばしばなされます。では、信じることがまだできない赤子や、あるいは知的な障害のために信じるという認知行為ができない人はどうなのだ、彼らには神の恵みが与えられないことになってしまうのか？というさらに悩ましい疑問が生じてきます。そしてつまるところ、救いは人間の願いや努力とは無関係に神から与えられる「恵みのみ」によるものであり、しかもその恵みがすべての人に与えられるのではないのだとすると、ある人々には初めから恵みを閉ざす神が愛の神と言えるのか、というエーリッヒ・フロムに代表されるような深刻な問いが提起されることになります。[10]

また、実際上でも「恵みのみ」というのは信仰生活の実情とそぐわないようにも思われます。例えば、バプテスマを受けたものの、それからまったく教会の礼拝には来ない、何の奉仕もせず、定期的な収入があるにもかかわらず全く献金もしないという人がいたら、その人は他のクリスチャンからどういう目で見られるでしょうか。それでも、「いや、救いは恵みのみなのだから、礼拝出席とか奉仕が必要だというのはおかしいでしょう」と言われると、すくなくとも理屈の上では筋は通っているように思われます。しかし、そのように「恵みのみ」を捉えるのはおかしいと、多くのクリスチャンは感じるのではないでしょうか。それではこの場合、「恵み」の理解のどこが、あるいは何がおかしいのでしょうか。こういう疑問が生まれてくるのは、多くのクリスチャ

10　エーリッヒ・フロム『自由からの逃走』（日高六郎訳、東京創元社、一九五一年）、一〇三－四頁参照。

ジョン・バークレー

ンが「恵み」という言葉を厳密に定義せずに、曖昧なままで感覚的に用いているためかもしれません。英国の聖書学者ジョン・バークレー（一九五八―）は、この「恵み」という重要なテーマについて新たな視点を提供しました。

通常「恵み」と訳される言葉のギリシア語原語はカリスです。バークレーは、この「カリス」という言葉が古代社会においてどのような意味で使われていたのか解説します。[1] 第一の意味は、魅力的なものや、人の好意を惹きつける対象のことです（イエスを描くときにこの言葉がルカ２章52節で使われています）。第二の意味は、贈り物（ギフト）、便益、あるいは贈り物を伴う好意的な態度のことです（パウロはエルサレム教会への献金を、「カリス」と呼んでいます。Ｉコリ16・３参照）。第三に、贈り物への返礼または感謝の気持ちを指します（Ⅱコリ10・15参照）。このような用法から、バークレーはカリスを「恵み（グレース）」よりもむしろ、「贈り物（ギフト）」として訳すことを提唱します。

さて、このカリス、「贈り物」に関して、古代地中海世界の人々と、現代の西洋人との間には大きな認識のギャップがあると、バークレーは指摘します。贈り物には通常「お返し」が伴います。毎年誕生日に贈り物をもらっている人が、相手の誕生日には何もしないということを何年も続ければ、二人の関係は壊れかねません。他方で、現代の西洋人の感覚の中には、お返しを求めたり期待したりすることは「贈り物」の純粋さ（ピュア）や無償性（フリー）を損なうという感覚があるというのです。このことは、特に神からの恵みまたは賜物に強く当てはまります。神が人間に与える恵みの応答または返礼として、何らかの行動（神への賛美や奉仕、あるいは善い行い）が求められるのだとするならば、無償の恵みという大切なポイントが失われてしまうのではないか、ということです。しかしバークレーは、パウロの時代の人々にはそのような無償の贈り物という考えはなかったと論じます。例えば有力者が貧しい人々に食糧という贈り物を与えた場合、貧しい人々は返礼として有力者を讃美し、「栄誉」という形で返礼をしていました。このように、贈り物にはキャッチボールともいうべき互恵性があるというのは古代人の常識であり、これは神と人間との関係にも当てはまっていたのです。では、パウロは当時の人々の贈り物の互恵性という原則に反対し、何の見返りも求めない神の贈り物ということを強調したかったのでしょうか？　それとも私たちが現代的な「ギフト」の考えをパウロ神学に投影してしまい、パウロが本来意図していたことを誤解してしまっているのでしょうか？　この重要な問いについて、バークレーは取り組んでいます。

1　John M. G. Barclay, *Paul & Power of Grace* (Grand Rapids: Eerdmans, 2020), 1ff.　以下はバークレーの解説を筆者が要約したものです。

2　六種類の「完全な」贈り物

バークレーは文化人類学の助けを借りながら、贈り物を「完全なものにする」六つの要素を提示します。つまり贈り物が単なる贈り物ではなく、「完全な」贈り物、特に完全な存在である神が与えるのにふさわしい「完全な」贈り物となるための要素は何か、ということを分析しているのです。以下にそれらを列挙します。[2]

1　「圧倒的」という意味での完全さ……神からの贈り物の完全さは、その際限のないこと、圧倒的な量、そして持続性にあります。その最も明確な現れは、被造世界の無限とも思える豊かさ、多様性にあります。

2　「単一性」という意味での完全さ……神からの贈り物の完全さは、その単一的な性格として捉えられることがあります。神は人間にとって恵み深いこと、有益なことしかなさらない、という意味です。反対に言えば、神は人間や、人間にとって有益な環境を破壊したり、罰したりすることはないということになります。しかし、ユダヤ・キリスト教の神は「闇を創造し……災いを創造する者」（イザ45・7）とも呼ばれるので、このような意味での完全さはキリスト教神学には馴染みづらいとも言えるでしょう。

3　「先行的」という意味での完全さ……神からの贈り物は、人間側のあらゆる行為（祈りや願いを含む）に先行するという意味で完全です。つまり、贈り物を始めるのは常に神の側からであるということです。その典型は神の世界の創造です。それは人間側の何らかの要望に応えてではなく、神の一方的で先行的な意思に基づくものだからです。

4　「不釣り合いな（ふさわしくない）」という意味での完全さ……神の贈り物の完全さは、それがそのような恩寵に全く値しない、ふさわしくない者に与えられるという意味にも捉えられます。古代地中海世界では、贈り物は誰かれ構わず与えられるものではなく、ふさわしい受け手にだけ与えるべきだという考え方が支配的でした。しかし、ユダヤ・キリスト教の神の与える贈り物にはそのような限定がないという意味で完全だと言えます。それを端的に示しているのは、次のイエスの言葉でしょう。「父は、悪人にも善人にも太陽を昇らせ、正しい者にも正しくない者にも雨を降らせてくださるからである。」（マタ5・15）

5　「効能」という意味での完全さ……神の与える贈り物は、その効能において完全であると言うことができます。一例を挙げれば、神の癒しの業は、どんな薬でも治らないような病をも治してしまうという意味で完全であるということです。

6　「返礼を求めない」という意味での完全さ……神の贈り物の完全さは、互恵的ではないと

2　前掲のバークレーの書の2章を著者が要約しています。

いう観点から見ることもできます。つまり、神はご自分の与える贈り物に対し、何の見返りも返礼も求めないということです。先に述べたように、この点は現代の西洋世界の人々にとって神の「完全な」贈り物の重要な要素だと言えます。

このように神の贈り物を完全なものにする要素は何か、と考えることは、クリスチャンがしばしば口にする「全き恵み」とはどのような意味で全きものなのかを理解する上で大いに助けになるでしょう。そしてもちろん、パウロ神学を理解する上での重要なカギとなります。バークレーは、パウロ神学における贈り物（あるいは「恵み」）の完全さとは、④の「不釣り合いな（ふさわしくない）」相手に贈られるという意味において最も特徴的であると論じています。彼の主張を、パウロ書簡に沿ってみていきましょう。

3　ローマ書簡における「カリス（贈り物）」

バークレーはパウロ書簡の中でも特にガラテヤ書簡とローマ書簡の解説に多くの紙面を割いていますが、ここでは彼のローマ書簡の講解を見ていきましょう。バークレーは、ローマ書簡においては何よりも④の「不釣り合いな恵み」が、それに加えて⑤の「効能という観点からの恵み」と①の「圧倒的な恵み」の完全さが強調されていると論じます。しかし、⑥の「見返りを求めない神の恵み」という思想はローマ書にはない、とも指摘します。[3] このことは多くの人たちにとって意外に感じられるかもしれません。以下でこれらの点を考察していきましょう。まず、④の「不釣り合いな恵み」についてですが、バークレーはこの点はローマ書5章の中に鮮明に描かれていると指摘します。

パウロ自身が、このような不釣り合いな贈り物の異常さに注目している。「義なる人のために死ぬ人はほとんどいない。良い人のためなら、死ぬ用意がある人はあるいはいるかもしれない」(ロマ5・7)。良い贈り物はふさわしい人に与えられると誰もが考えるだろうし、より高価な贈り物については与えられるべき人のさらなる選別が必要になるだろう。値しない理由のために命を与えようとする人などほぼ皆無だろう。しかしキリストは価値のない人のために死んだ、比類のない愛の表明として。[4]

ローマ書簡では、キリストが命を捨てる価値のある人など誰もいなかった、ということが強調されています。まさにこれは不釣り合いという観点からの完全なる恵みです。そしてこのキリス

---

3 Barclay, op. cit., 77–8 参照。
4 Ibid., 83.［拙訳。ロマ5・7は原著の英文の私訳］

トの死によって与えられる贈り物の効用は絶大であり、必ずやそれが贈られた者の人生を変革します。そのような新しい生の現実をパウロは「義の奴隷」と呼びます（ロマ６・18）。奴隷は主人に従わなければなりません。キリスト者は新しい生という贈り物を与えたキリストに従う責任があることを、バークレーはこう説明します。

今日の西洋社会では、私たちは文化的に義務とは贈り物と正反対のものだと考えがちになる。贈り物は完全に「無償で」あるべきで、受け手に何の義務感も与えてはいけないと私たちは言う。しかし、これは現代的な考え方であり、私たちにとってすら浮世離れした見方だ。私たちは心の底では知っているのだ。「タダ飯などない」ということを。パウロや彼と同時代の人たちにとって、贈り物には無償と義務の両方の要素があった。贈り物は強制されたり強要されるべきものではないが、そこには期待が、お返しの義務が伴うものだった。実際、ローマ書５―６章は特に明確に、恵みの完全さの一つの側面（「不釣り合いさ」：受け手のふさわしさの考慮しないこと）は、見返りを求めないという意味での完全さと同居するものではないことを示している。そこには「安価な恵み」の入り込む余地はない。パウロは神の贈り物（カリスマ）を罪の報酬（オプソーニア）と対比させる（６・23）。報酬（あるいは兵士への配給）とは違い、神の贈り物は受け手の働きの価値に対応したものではない。しかし、同時にこの贈り物は聖と義の人生へと導くものだ（６・22）。[5]

このように、神の与える贈り物は、聖と義の人生を必然的に生み出すものです。しかし、実際にはイエスを信じた後も神が期待するような聖なる人生を送ることができずに悩んでいる人は少なくありません。その典型がまさにマルティン・ルターでした。ですからルターは、自分は十分な義や聖を生み出すことはできていないけれど、キリストの完全な聖と義をあたかも自分自身のものと見なしていただく、という義認論を展開しました。しかし、ではキリスト者は自ら聖と義の人生を送らなくてもよいのか、といえば決してそうではありませんし、ルターもそのような考えには強く反対したでしょう。聖と義の人生を送ることは神からの贈り物への「お返し」のギフトではないものの、神から確かに贈り物を受け取ったという感謝のしるしとなります。逆に言えば、信じた後もそのような人生へと方向転換がなされていないのなら、神の贈り物を感謝もせずに無駄に受け取ったという、より深刻な事態を招くことになります。新約聖書記者たちもそうならないように強く警告しています（Ⅱペト2・20－22参照）。神の贈り物（恵み）は、キリスト者に自発的な応答を強く促すものだと言うことができます。そのことを、バークレーは次のように要約しています。

---

5 Ibid., 90–1.［拙訳］

したがって、贈り物は完全に不相応なものだが、同時に強い責任を生じさせる。(strongly obliging)［贈り物を受け取る資格は］無条件だが、［受け取った後の生き方は］無制約ではない(unconditioned, but not unconditional)。[6]

バークレーの研究は、NPPの議論をその先へと前進させた、数少ないそしてたいへん重要なものです。NPP、特にサンダースは第二神殿時代のユダヤ教を「恵みの宗教」として捉え直し、その上でパウロ神学を再評価しました。NPPの批判者たちは、第二神殿時代のユダヤ教は恵みの宗教とは呼べないと反論してきました。これらの議論はどこかかみ合わないような印象を与えてきましたが、それは「恵み」という概念そのものが曖昧なままで議論されてきたからではないか、ということをバークレーの研究は気づかせてくれました。サンダースがユダヤ教を恵みの宗教と呼んだ時、彼は主として③「先行的な」恵みのことを考えていましたが、その他の恵みの要素について十分に論じたわけではありませんでした。[7] しかしバークレーの研究によって、パウロ神学における「全き恵み」を特徴づけるのは④「不釣り合いな」恵みであることが明らかにされました。この知見から、第二神殿時代のユダヤ教とパウロ神学との比較がもっと実り多いものとなることが期待されます。そして彼の研究は、キリスト者、そして教会の実践面にも影響を及ぼすであろうという意味でも特筆すべきものです。「恵みのみ」というスローガンは教会にとって非常に大切なものですが、その意味を今一度かみしめるためにバークレーの著作は必読書となるでしょう。

6 Ibid., 100.〔拙訳〕
7 Ibid., 36 参照。

第12章　パウロ研究の新潮流がもたらすもの

1　NPPと東方正教会の救済理解

これまで一〇名の研究者たちの業績を通じて、NPPの発展の軌跡を振り返りました。NPPはその名の通り「新しい（New）」潮流として登場したのですが、しかし一九世紀のF・C・バウルの研究の中にその萌芽が認められるように、実はそれほど新しいわけではありません。古代教会からの伝統を最も強く保持していると言われる東方正教会の神学について考えるならば、その思いをいっそう強くします。東方正教会については第10章でも少し紹介しましたが、E・P・サンダースが提唱した「参与的終末論」は、東方正教会の救済理解と強い親和性があります。東方正教会の救済論を知ることは、NPPをよりよく理解するための一助ともなり得るので、以下に簡潔に解説を試みたいと思います。

プロテスタント神学でも東方正教会でも、「交換」という見方が救済論において重要な意味を持っています。しかし、その内実は似て非なるものです。そしてNPPの立場は東方正教会により近いものです。そこで、この重要な教理について最初に瞥見します。まず、マルティン・ルターの提唱した「幸いな交換」の教理を見てみましょう。ルターは次のように述べています。

そこでキリストのもっておられたすべての善きものと祝福とは［信仰者の］たましいに所属することになり、同様に［信仰者の］たましいに属していたすべての不徳と罪過とはキリストに託される。かくて今やあり難い交換と取り合いとが始まるわけである。[8]

たとい罪と死とが襲いかかって来ようとも、心はキリストの義が己のものであり、自己の罪がもはや自身のものではなくなってキリストのものであると信じている。[9]

このように、ルターの言う「交換」においては、信仰者の持つすべての不義がキリストのものと見なされ、キリストは「罪人」として神に裁かれる一方、キリストの持つすべての義は信仰者のものと見なされ、信仰者は「義人」として天国に迎え入れられます。これがルターの言うとこ

8　マルティン・ルター『キリスト者の自由　聖書への助言』（石原謙訳、岩波書店、一九五五年）、二一頁。
9　前掲同書、二九頁。

ろの「幸いな交換」です。しかし、この交換はあくまで仮想的・虚構的なものです。[1] キリストが実際に罪を犯して「罪人」になってしまったのではなく、あくまで「罪人」とみなされるだけだからです。

これに対し、東方正教会の提起する「交換」は仮想的・虚構的なものではなく、現実的（リアル）なものです。東方正教会を代表する神学者であるカリストス・ウェアは「交換」についてこう記しています。

似た者は、似た者によって癒され、救われる。（Like is healed and saved by like）われらが主は私たちのようになり、人間性のすべてを分かち合うことで私たちを救われる。それによって、私たちが主の中にあるものを分かち合うことが可能になる。したがって、賜物の互恵的な交換によって、主は私たちの人間性を身に帯び、私たちを彼の神性に与らせる。そして、罪によって破壊された創造主と被造物との間の交流を再び打ち立てる。このモデルによる救いは、何よりも内住によって実現される――私たちのためのキリスト（Christ for us）であるよりも、私たちの内なるキリスト（Christ in us）である（もちろんどちらにも真理があるのだが）。[2]

先ほどのルターの場合とは異なり、ここで言われている「交換」は本物の交換です。なぜなら神であるキリストは人間になったとみなされたのではなく、本当に人間になられたからです。そしてこの交換はキリストから人間に向けてのみならず、人間からキリスト（神）に向かう双方向のものです。ウェアはさらに次のように論じます。

相互的な交換を通じての救いの基本的原則は、第二コリント8・9できわめて明確に表明されている。「すなわち、主は富んでいたのに、あなたがたのために貧しくなられました。それは、主の貧しさによって、あなたがたが豊かになるためでした。」比喩を変えるならば、主の私たちの堕落した状態への降下は、私たちの天的領域への上昇を可能にしたのだ（フィリ2・5－11）。[3]

キリストが本当に人間になられたように、人間も神であるキリストへと参与していく、キリストのようになっていく、このことをウェアは参与的救済論（participation soteriology）と呼びます。

1　交換の虚構性については、河野克也「修復的贖罪論の可能性を探る――パウロ神学の「新しい視点」から」一一四－六頁を参照、東京ミッション研究所『平和を作り出す神の宣教』（ヨベル、二〇一〇年）。

2　Metropolitan Kallistos Ware, *How Are We Saved? The Understanding of Salvation in the Orthodox Tradition* (Minneapolis, Mn.: Light & Life Publishing Company, 1996), 42–3.［拙訳］

3　Ibid., 44.［拙訳］

Ｅ・Ｐ・サンダースの参与的終末論（participationist eschatology）と非常に近い見方です。もちろん、人が神であるキリストに参与するといっても、それは人が神になるということではありません。創造主と被造物との区別は変わることはありません。しかし、神と人とが本当に親しく交わるためには、お互いが似たものとなっていく必要があるという指摘にも大切な真理が含まれているように思われます。救いを「神との親しい交わりの回復」と定義するならば、東方正教会、そしてＮＰＰが提起するように、虚構ではなく本物の「交換」が必要となる、という洞察は傾聴に値するものでしょう。

2　イエスとパウロ

第1章の冒頭でも少し触れたように、ＮＰＰはパウロ研究者の間だけでなく、広く教会にも関心のあるテーマになっています。それはパウロ神学がキリスト教会に及ぼしてきた影響力の大きさの裏返しだとも言えます。しかし、パウロがいかに偉大な使徒だとしても、彼はイエス・キリストの使徒の一人であり、当然ながらイエスを超える権威を持つことはありません。しかしながら、イエスの教えはパウロ神学の教理と必ずしも一致しないと見られてきました。それはどういうことかと言えば、信仰義認の教理を、「行い」対「（行いなしの）信仰」という枠組みから理解しようとすると、それをイエスの教えと調和させることが難しくなるのです。なぜなら、イエスは行いや実践の伴わない信仰は無意味であると戒めているからです。その代表的な教えを「山上の垂訓」の中に見ることができます。

私に向かって、『主よ、主よ』と言う者が皆、天の国に入るわけではない。天におられる私の父の御心を行う者が入るのである。

私のこれらの言葉を聞いても行わない者は皆、砂の上に自分の家を建てた愚かな人に似ている。雨が降り、川が溢れ、風が吹いてその家に打ちつけると、倒れて、その倒れ方がひどかった。[4]

ここだけでなく、イエスは永遠の命を得るにはどうすればよいかと尋ねた律法学者に対し、神への愛と隣人への愛を教える戒めを『実行しなさい。そうすれば命が得られる』と明快に答えています。[5]しかし、「行いなしに、信仰だけで救われる」という教理のある種の理解に立つと、これらのイエスの言葉が素直に受け入れられなくなってしまうという、非常に悩ましい事態が生じてしまいます。確かにイエスは、自己愛や自己顕示欲に基づくような「行い」を強く糾弾しまし

4　マタイ福音書7・21、26－27。
5　ルカ福音書10・28。

たが（マタ6・1－18）、同時に正しい動機に基づく「行い」が救いには不可欠であることを強調しています。また、公同書簡の「ヤコブの手紙」においても、行いの伴わない信仰が救いをもたらさないことが端的に語られています。

これで分かるように、人は行いによって義とされるのであって、信仰だけによるのではありません。[6]

ルターがこのヤコブの手紙を「藁の手紙」と呼んで敬遠したことは広く知られていますが、しかしヤコブの手紙の教えがイエスの教えと非常に近いのも事実です。けれども、「信仰だけでは義とされない」というヤコブの教え、または行いのない信仰は砂の上に家を建てるようなものだというイエスの教えは、パウロの信仰義認の教えと調和できないものなのでしょうか。

NPPの一つの貢献は、パウロ神学とイエスの教えの齟齬という問題に取り組むうえでのヒントを与えてくれることにあります。パウロ神学の中心には「（行いなしの）信仰」対「行い」という対立軸はないのだとすると、パウロの教えもイエスに近づいていくからです。この点について、ケント・インガーは次のように指摘します。

「行い」が否定的に捉えられる時、つまり善い行いとは自ら功徳を積んで、自力で義を獲得するための手段として考えられる時、「神の恵み」と「従順の必要性」というイエスの二重の強調を受け入れるのが難しくなる。「契約維持の律法制（covenantal nomism）」は、これら二つの中心点はユダヤ教においても、パウロとイエスの教えにおいても調和していることを指し示している。パウロの宣べ伝えた福音は、イエスの福音の形に従ったものだったことが明らかになる。[7]

パウロもローマ書簡で、自らの宣教の目的が異邦人を「信仰による従順」に導くことだと語っているように（ローマ1・5、16・26）、神の御心への服従を伴わないような信仰は、パウロにとっても信仰ではなかったということです。神の御心を行うこととは、すなわちモーセ律法を行うことだと考えるユダヤ人たちと、パウロとの間には確かに大きな溝がありますが、それでもパウロの言う「従順」には神に喜ばれる行いが含まれていたでしょう。このように、パウロが「行い」そのものについては何ら否定的なことを述べてはいないとするＮＰＰは、イエスとパウロの教えを一貫したものとして見る視点を提供します。ＮＰＰを肯定的に評価できる理由の一つがここにあります。

6　ヤコブの手紙2・24。

7　Kent L. Yinger, *The New Perspective on Paul: An Introduction* (Eugene, Or.: Cascade Books, 2011), 91–2.［拙訳］

3　パウロの普遍主義とグローバリズム

本書を終えるにあたり、これまで考えてきたテーマとは少し異質の視点から、NPPを今日的な問題との類比において考えてみましょう。第2章でF・C・バウルを紹介した際に、ユダヤ教とパウロ神学の対比の背後にあったのは、「行いによる自力救済」か「神の恩寵のみによる救済」かというものではなく、「排他的な民族主義」対「開かれた普遍主義」にあるということを指摘しました。この構図は今日よく言われる「ナショナリズム（自国ファースト主義）」対「グローバリズム（国境なき世界主義）」という構図とどこか似ているようにも思えます。急速にグローバル化・一体化が進む今日の世界では、グローバリズムこそ人類が進むべき道だという考えが浸透してきています。しかし、グローバリズムとは新自由主義と呼ばれる経済学の立場の隠れ蓑に過ぎず、国境をなくすことで世界全体を単一の市場と見なし、飽くなき拡大を続ける金儲けファースト主義として批判されることも少なくありません。むしろ、否定的に語られることの多いナショナリズムを見直そうという動きもあります。例えば「地産地消」は地域経済の活性化の切り札として好意的に語られることが多いですが、これは外国のモノよりも自国で生産されたモノを購入しようというナショナリズム的な考えの実践でもあります。ナショナリズムがしばしば否定的に語られるのは戦争中の国威高揚と結び付けられてしまうことがあるからですが、多国籍企業の脅威から自国の市場や雇用を守ろうという意味での穏健なナショナリズムは、今や先進各国の中でも高まりつつあります。フランスの歴史学者エマニュエル・トッドは次のように指摘します。

イギリスも、ほとんどアメリカに劣らないほどグローバリゼーションの影響を受けた結果、このたび「EU離脱〔Brexit〕」を決めました。つまり、欧州統合というプロジェクトからの離脱を決めたのです。因みに、欧州統合というプロジェクトは、欧州共同体が自由貿易を全面的に信奉するようになってからは、グローバリゼーションという全世界的プロジェクトの単なる地方版になってしまっています。

アメリカとイギリスで見られるこの変化は、とてつもない逆転現象です。なにしろ、アングロサクソンの二つの大きな社会が、三〇年にわたって歯止めなき個人主義をプロモーションした果てに、ネオリベラリズム的であることに自ら耐えられなくなっているのですから。この二つの社会は、ネイションション〔国民〕としての自らの再構築を希求しています。[8]

NPPは、ある意味ではパウロを宗教版グローバリズムの推進者として描いていると言えるか

8　エマニュエル・トッド『問題は英国ではない、EUなのだ：21世紀の新・国家論』（堀茂樹訳、文春新書、二〇一六年）、四－五頁。〔　〕は原著のまま。

もしれませんが、その学問的潮流の発信地である英米の少なくとも一部の人々が今やグローバリズムに背を向けつつあると言うのは興味深い現象です。パウロ神学を現在の世界情勢に重ね合わせて考えるというのはいささか飛躍が過ぎると思われるかもしれませんが、パウロの目指した「ユダヤ人も異邦人もない教会」が、グローバリズムの目指す世界とどこか重なっているようにも感じられるのではないでしょうか。そうであるならば、グローバリズムのひずみがいろいろな意味で明らかになる昨今の状況を見ると、パウロの描いた「ユダヤ人も異邦人もない教会」の美しいヴィジョンにも、そこに内在する問題があるのかもしれません。グローバリズムが世界のマクドナルド化であるとしばしば揶揄されるように、それが各国・各民族の持つ個性や特殊性を打ち消す方向に働き、世界の均一化を推し進める面があることは否めません。パウロの掲げた「ユダヤ人も異邦人もない教会」もまさに国境なき教会であり、その構成員である各民族の個性・特殊性を否定する面がありました。しかも、それが最も端的に示されたのがパウロ自身の属するユダヤ民族においてなのです。例えば、今日のメシアニック・ジューと呼ばれるイエスを信じるユダヤ人が西洋の教会に行くと、「あなたもクリスチャンになったのだから、これが食べられるよね」といってハム・サンドを出されるというほとんど嫌がらせにしか思えない「踏み絵」を踏まされることがあると聞きます。[9] しかも、このようなことはパウロの時代にも起こり得ることでした。パウロは、そのようなことが起きないようにとローマの信徒たちに注意を喚起したことがありましたが（ロマ14・3）、他方で彼は、ユダヤ人向けの伝道上の配慮から律法に従ったコシェルではない食事を注意深く避けようとしたペトロを「偽善者」と公衆の面前で面罵し、アンティオキア教会に深い亀裂を残しました（ガラ2・14）。もちろん、パウロのしたことは、ハム・サンドをユダヤ人キリスト者に食べるようにと強いる今日のクリスチャンの行動とは動機も意図も全く別のものです。しかし、パウロの要求を不快に感じたユダヤ人キリスト者がいたことも間違いありません。パウロの目指す教会は、ユダヤ人信徒にユダヤ民族の個別性・特殊性の象徴である「律法」の遵守さえ捨てることを強いる（少なくともユダヤ人にはそう感じられる）ものでした。むろん、異邦人信徒の側に立てばパウロは正しいことをしたということになるのでしょうが、自分をユダヤ人キリスト者の側において考えるならば、神からイスラエルに与えられた律法の遵守に反対するパウロは許しがたい存在として、一部の人には思われたことも想像に難くありません。

不幸にもその後の教会の歴史は、まさにイエスを信じるユダヤ人たちには受難の歴史となりました。ユダヤ人の新約学者であるダニエル・ボヤーリンはこう記しています。

ニカイアとコンスタンティノポリス両公会議の間に、自分はキリスト教徒であると思っていた多くの人々がキリスト教会から排除された。ユダヤ教の慣習に、たとえ復活節を過越祭

9　デイビッド・スターン『福音とユダヤ性の回復』（横山隆監訳、マルコーシュ・パブリケーション、一九九五年）、二八－九頁参照。

としてまもるというだけでも、従うキリスト教徒たちは（この後二、三世紀の実質的に小アジアの教会全体）、とりわけ異端と宣告された。[10]

ユダヤ人にとって過越祭は最も大切なものです。イエス自身も、自らが十字架に架かる運命にあるのを覚悟した時、何としても過越祭を祝いたいと願いました（ルカ22・15）。その過越祭を、イエスを信じたという理由で断念しなければならないとしたら、なんと悲しいことでしょうか。こう考えると、「信仰義認」を掲げることでユダヤ人と異邦人の壁を壊したパウロの功績は、彼の思いに反してその後の教会の歴史に光だけでなく陰の部分ももたらしたことを認めざるを得ません。

しかし、教会内の一致のためにユダヤ民族主義を強く否定したパウロも、ユダヤ民族が諸民族とは異なる特別な使命を与えられた民族であるという信念を持ち続けていました。それが端的に示されているのがローマ書簡９－11章です。異邦人に対するユダヤ民族の優位性を否定することにあれほど心を砕いたパウロが、神の経綸におけるユダヤ民族の特殊性・唯一性について自家撞着とも取られかねない発言をしています。パウロはこう記しています。「福音について言えば、イスラエル人は、あなたがたのために神に敵対していますが、神の選びについて言えば、先祖たちのお陰で神に愛されています。神の賜物と招きは取り消されることがないからです」（ロマ11・28－29）。自らの民族に対するパウロのアンビバレントな態度を見ても、どんな宗教も、全人類に妥当する普遍的な価値を持つのと同時に各民族にとっての固有な性格、独自な性格をも併せ持っており、一方のみを肯定して他方を否定することはできないということを思わされます。キリスト教はユダヤ人だけのためのものではもちろんありませんが、同時に神の経綸におけるユダヤ人の特殊性・特別な役割を否定することもできないのです。

本書で繰り返し指摘したように、NPPのもう一つの功績は、ユダヤ教についてのもっと積極的な見方を提供していることです。確かにユダヤ教はすべての民族のための宗教ではなく、ユダヤ民族のためだけの宗教であり、それゆえ民族主義（ナショナリズム）とは切り離すことができない性格を持っています。しかし、だからといって、ユダヤ教が多民族的な性格を持つキリスト教に劣っているということにはなりません。むしろ、キリスト教はユダヤ教自体がもともと内包していた国際主義・多民族主義を極大化した宗教だとさえ言えます（イザ19・24－25、49・6等）。NPPの受容によって、自らの母体であるユダヤ教について、キリスト教が今一度深く考える契機になれば、それはとても良いことだと思います。

10　ダニエル・ボヤーリン『ユダヤ教の福音書——ユダヤ教の枠内のキリストの物語』（土岐健治訳、教文館、二〇一三年）、一一三頁。

あとがき

パウロの「ニュー・パースペクティブ」という言葉を初めて聞いたのはいつのことだったか、今では思い出すことはできません。しかし、私が新約聖書学を真剣に学ぶようになった時から、このテーマがいつも身近にあったことは確かです。特に、セントアンドリュース大学における私の博士論文の指導教授が、ニュー・パースペクティブ（以下ＮＰＰ）の中心人物の一人であるＮ・Ｔ・ライトであったことから、私の学究の旅路において、ＮＰＰは空気のように当たり前のものでした。

それと同時に、海外においても日本においてもＮＰＰは常に論争の的であることも意識せざるを得ませんでした。Ｎ・Ｔ・ライトはポピュラリティーという意味ではおそらく当代随一の新約聖書学者だと言えるでしょうが、注目されているだけに彼の提唱するＮＰＰも批判を集めやすいことは紛れもない事実です。私が7年間の英国での学びを終えて、二〇一五年に帰国した当時も、私の属する福音派の中ではＮ・Ｔ・ライトやＮＰＰに対する様々な議論が交わされていました。私がＮ・Ｔ・ライトに近い人間だからという理由で、全く面識のない方からご連絡をいただくこともしばしばでした。同時に、NPPの本質が十分に理解されないまま、半ば感情的にNPPについて討議されているように感じることも少なくありませんでした。NPPに賛同するにせよ反対するにせよ、そこから多くのことが学べるはずなのにと、このような状況を残念に思いました。そのようなときに、親しくさせていただいていた新教出版社の小林望社長から、本書出版のご提案をいただきました。本件について最初に小林氏とメールのやりとりをしたのが二〇一七年のことでしたから、なんとあれから六年の歳月が流れてしまったのか、と我ながら自分の仕事の遅さに恥ずかしくなりました。

と同時に、この六年という長い歳月も決して無駄ではなかったと思っています。この六年の間にも、特に日本においてNPPの議論は大きく前進しましたし、私自身はこの六年間に牧会や学会、あるいは神学教育の現場で様々なことを経験できたからです。まず、日本を代表する注解シリーズである「NTJ新約聖書注解」において、関西学院大学の浅野淳博教授による『ガラテヤ書簡』が二〇一七年に発刊されましたが、これは本邦で初めてNPPの立場から書かれた注解書です。また、二〇一九年には同じく浅野氏の翻訳によって、ジェイムズ・ダンの『使徒パウロの神学』が公刊されました。この二冊の本格的な研究書によって、日本におけるNPPの理解は飛躍的に深まってきたように思えます。海外でも、二〇二〇年にはこの本では最後に紹介したジョン・バークレーの最新著作が出版されています。また、私自身も二〇一七年から牧会と教育の現場で働くようになり、今ではいくつかの大学や神学校で教鞭をとらせていただいていますが、学生たちの間でもNPPに対する関心や興味がとても大きいことを体感してきました。私自身、論文を書いたり、講義の準備をする中で、改めてNPPの重要な文献に向き合いながら、自分なりの理解を深めてきました。また、NPPの提起する問題が牧会の現場と深いかかわりを持っているという確信も強まりました。このような様々な事柄を勘案すると、今この書を世に出すことができるのはとても幸いなことだと感謝しています。

私自身は、NPPを初めから抵抗なく受け入れることができました。その理由の一つは、クリスチャンホームで育つ中で「信じるだけで救われる」と教え込まれてきたものの、他方で聖書そのものを読むと、行いの必要性が強く訴えられているので、いったいどう考えればよいのか、と子供ながらに疑問を抱いてきたことがあります。NPPはこの長年の疑問に一つの道筋を与えてくれました。また、今日のメシアニック・ジューと呼ばれる方々（ユダヤ人キリスト者と呼んだ方が分かりやすいかもしれません）の著作に親しむ中で、ユダヤ人の立場からパウロ書簡を読むとどのように感じられるのか、という視点に目が開かれたことも大きかったと思います。ユダヤ人からの視点、ということは新約聖書を理解する上で必須のものだと考えています。

本書の完成がいよいよ近づいてきたときに、NPPの創始者とも言えるE・P・サンダースの訃報を聞きました（二〇二二年一一月二一日逝去）。ジェイムズ・ダンが二〇二〇年に召された時も何ともいえない寂しさを感じましたが、NPPの代表的提唱者三名（サンダース、ダン、ライト）のうちの二人までもが世を去りました。本書を、そうした偉大な先達たちへのささやかなオマージュとしたいと願っています。

末尾になりますが、本書完成のためにご助言・ご協力してくださった多くの方々に御礼を申し上げます。その中でも特に、このあとがきでも何度か触れた浅野淳博先生、聖契神学校の山﨑ランサム和彦先生、そして広島大学の辻学先生に深く御礼申し上げます。先生方からは、本書の原稿についていたいへん貴重な助言を賜りました。また、本書完成のために祈り続けてくれた父秀生と母藤子、また中原キリスト教会の皆様に深く感謝します。最後に、本書の企画をしてくださり、完成まで辛抱強く待ってくださった新教出版社の小林望氏に心からの御礼を申し上げます。

二〇二三年　受難節にて

山口希生

12 章

Ware, Metropolitan Kallistos. 1996. *How Are We Saved? The Understanding of Salvation in the Orthodox Tradition.* Minneapolis, Mn.: Light & Life Publishing Company.

Yinger, Kent L. 2011. *The New Perspective on Paul: An Introduction.* Eugene, Or.: Cascade Books.

スターン、デイビッド 1995『福音とユダヤ性の回復』マルコーシュ・パブリケーション（横山隆監訳）

東京ミッション研究所 2020『平和を作り出す神の宣教』ヨベル

トッド、エマニュエル 2016『問題は英国ではない、ＥＵなのだ：21 世紀の新・国家論』文集新書（堀茂樹訳）

ボヤーリン、ダニエル 2013『ユダヤ教の福音書　ユダヤ教の枠内のキリストの物語』教文館（土岐健治訳）

ルター、マルティン 1955『キリスト者の自由：聖書への助言』岩波書店（石原謙訳）

8章（ヘイズ）

Beker, Christiaan. 1980. *Paul the Apostle: The Triumph of God in Life and Thought.* Philadelphia: Fortress.

Hays, Richard. 1989. *Echoes of Scripture in the Letters of Paul.* New Haven & London: Yale University Press.

竹田青嗣 1999『プラトン入門』筑摩書房

ブルトマン、ルドルフ 1966『ブルトマン著作集4　新約聖書神学II』新教出版社（川端純四郎訳）

ヘイズ、リチャード・B 2015『イエス・キリストの信仰　ガラテヤ3章1節－4章11節の物語下部構造』新教出版社（河野克也訳）

9章（ライト）

Scott, James M. 1993. "Paul's Use of Deuteronomic Traditions", *JBL* 112/4.

Wright, N. T. 1992. *The Climax of the Covenant.* Minneapolis: Fortress.

ライト、N. T. 2015『新約聖書と神の民（上巻）』新教出版社（山口希生訳）

10章（キャンベル）

Campbell, Douglas A. 2009. *The Deliverance of God: An Apocalyptic Rereading of Justification in Paul.* Grand Rapids: Eerdmans.

Sampley, J. Paul. 2002. *The First Letter to the Corinthians.* NIB vol.10; Nashville: Abington Press.

Stowers, Stanley Kent. 1981. *The Diatribe and Paul's Letter to the Romans.* Atlanta: Society of Biblical Literature.

Ware, Timothy. 2015. *The Orthodox Church: An Introduction to Eastern Christianity.* 3rd ed. Milton Keynes: Penguin Random House.

アウレン、グスターフ 1982『勝利者キリスト - 贖罪思想の主要な三類型の歴史的研究 -』教文館（佐藤敏夫訳）

浅野淳博 2022『死と命のメタファ――キリスト教贖罪論とその批判への聖書学的応答』新教出版社

久松英二 2012『ギリシア正教　東方の智』講談社

11章（バークレー）

Barclay, John M. G. 2020 *Paul & Power of Grace.* Grand Rapids: Eerdmans.

フロム、エーリッヒ 1951『自由からの逃走』東京創元社（日高六郎訳）

5章（ケーゼマン）

Käsemann, Ernst. 1980. *Commentary on Romans.* Translated by Geoffrey W. Bromiley. Grand Rapids: Eerdmans.
Luther, Martin. 1883-2009. *Werke.* Weimar : Hermann Böhlau.
McGrath, Alister E. 2005. *Iustitia Dei: A History of the Christian Doctrine of Justification.* 3rd ed. Cambridge: Cambridge University Press.
Stendahl, Krister. 1976. *Paul among Jews and Gentiles.* Minneapolis: Fortress.
ケーゼマン、E. 1973『新約神学の起源』日本基督教出版局（渡辺英俊訳）
――. 1980『パウロ神学の核心』ヨルダン社（佐竹明・梅本直人訳）
死海文書翻訳委員会 2018『死海文書 VIII 詩篇』ぷねうま舎（勝村弘也・上村静訳）
山口希生 2017「宇宙的な力としての罪」（福音主義神学 48 号）
ルター、マルティン 1955『キリスト者の自由：聖書への助言』岩波書店（石原謙訳）

6章（サンダース）

Gathercole, Simon. 2002. *Where is Boasting?* Grand Rapids: Eerdmans.
Sanders, E. P. 1977. *Paul and Palestinian Judaism.* Minneapolis: Fortress.
Stuhlmacher, Peter. 1994. *Paul's Letter to the Romans: A Commentary.* Translated by Scott J. Hafemann. Louisville: Westminster/John Knox Press.
ヴァンダーカム、ジェームス C. 1997『死海文書のすべて』青土社（秦剛平訳）
サンダース、E. P. 2002『パウロ』教文館（土岐健治・太田修司訳）
死海文書翻訳委員会 2018『死海文書 VIII 詩篇』ぷねうま舎（勝村弘也・上村静訳）

7章（ダン）

Abegg, G. and Edward M. Cook. 2005. *The Dead Sea Scrolls: A New Translation.* Translated and with Commentary by Michael Wise, Martin Abegg Jr., and Edward Cook. Rev. ed., New York: HarperCollins.
Cohen, Shaye J. D. 1989. "Crossing the boundary and becoming a Jew", *HTR* 82-1.
サンダース、E. P. 2002『パウロ』教文館（土岐健治・太田修司訳）
ダン、J. D. G. 2019『使徒パウロの神学』教文館（浅野淳博訳）

和訳）
ロングネカー、リチャード・N. 1983『パウロの生涯と神学』いのちのことば社（島田福安訳）

2章（バウル）

Baur, F. C. 2011. *Paul the Apostle of Jesus Christ: His Life and Works, His Epistles and Teachings.* Translated from the original German. Grand Rapids: Baker Academic.
ヨセフス、フラウィウス 2002『ユダヤ戦記』筑摩書房（秦剛平訳）

3章（シュヴァイツァー）

Beker, Christiaan. 1980. *Paul the Apostle: The Triumph of God in Life and Thought.* Philadelphia: Fortress.
Blackwell, Ben C., John K. Goodrich, and Jason Maston. ed. 2016. *Paul and the Apocalyptic Imagination*. Minneapolis: Fortress.
Martyn, J. Louis. 1997. *Galatians.* The Anchor Bible; 33A; New Haven & London: Yale University Press.
Schweitzer, Albert. 1998. *The Mysticism of Paul the Apostle.* Translated by William Montgomery. Baltimore and London: The Johns Hopkins University Press.

4章（デイヴィス）

Bultmann, Rudolf. 1948-1953. *Theologie des Neuen Testaments.* Tübingen: J. C. B. Mohr.
Davies, W. D. 1948. *Paul and Rabbinic Judaism: Some Rabbinic Elements in Pauline Theology*. Philadelphia: Fortress Press.
Eberhart, Christian A. 2011. *The Sacrifice of Jesus: Understanding Atonement Biblically.* Minneapolis: Fortress.
Gane, Roy E. 2004. *Leviticus, Numbers.* Grand Rapids: Zondervan.
Morris, Leon. 1965. *The Cross in the New Testament*. Devon: Paternoster.
Sanders, E. P. 1977. *Paul and Palestinian Judaism*. Minneapolis: Fortress Press.
Tcherikover, Victor. 1959. *Hellenistic Civilization and the Jews.* Philadelphia: Jewish Publication Society of America.
ブルトマン、ルドルフ 1963『新約聖書神学Ⅰ：新約聖書神学の前提と動機』新教出版社（川端純四郎訳）
ライト、N. T. 2015『新約聖書と神の民（上巻）』新教出版社（山口希生訳）

文献表

（各章ごとなので、一部重複する文献があります）

1章

Bultmann, Rudolf. 1956. *Primitive Christianity: in its contemporary setting*. Translated by R. H. Fuller. London: Thames and Hudson.

Calvin, John. 1989. *Institutes of the Christian Religion*. Translated by Henry Beveridge. Grand Rapids: Eerdmans.

Davies, W. D. 1948. *Paul and Rabbinic Judaism: Some Rabbinic Elements in Pauline Theology*. Philadelphia: Fortress Press.

Gathercole, Simon. 2002. *Where is Boasting?* Grand Rapids: Eerdmans.

McGrath, Alister E. 2005. *Iustitia Dei: A History of the Christian Doctrine of Justification.* 3rd ed. Cambridge: Cambridge University Press.

——. 2011. *Luther's Theology of the Cross: Martin Luther's Theological Breakthrough.* 2nd ed. Chichester: Wiley-Blackwell.

Sanders, E. P. 1977. *Paul and Palestinian Judaism*. Minneapolis: Fortress Press.

——. 1983. *Paul, the Law, and the Jewish People*. Minneapolis: Fortress Press.

Theißen, Gerd / Gemünden, Petra von. 2016 *Der Römerbrief.* GöttingenVanderhoeck & Ruprecht.

Yinger, Kent L. 2011. *The New Perspective on Paul: An Introduction.* Eugene, Or.: Cascade Books.

ダン、J. D. G. 2019『使徒パウロの神学』教文館（浅野淳博訳）

土岐健治 2005『初期ユダヤ教の実像』（新教出版社）

ブルトマン、ルドルフ 1966『ブルトマン著作集 4　新約聖書神学 II』新教出版社（川端純四郎訳）

ベネマ、コーネリアス・P 2018『「パウロ研究の新しい視点」再考』いのちのことば社（安黒務訳）

マクグラス、A. E. 2000『宗教改革の思想』教文館（高柳俊一訳）

——. 2002『キリスト教神学入門』教文館（神代真砂実訳）

ルター、マルティン 1955『キリスト者の自由：聖書への助言』岩波書店（石原謙訳）

——. 1986『ルター著作集　第二集 12　ガラテヤ大講解・下』聖文舎（徳善義

聖書個所索引

著者略歴

山口希生（やまぐち・のりお）

1970年生まれ。早稲田大学法学部卒業後、日米金融機関に通算15年勤務、その間に青山学院大学院より修士号（ファイナンス）取得。その後渡英し、セントアンドリュース大学より神学学士及び博士号（新約聖書学）取得。現在、日本同盟基督教団中原キリスト教会牧師、東京基督教大学、東京神学大学、青山学院大学、聖契神学校、お茶の水聖書学院講師。
著書に『「神の王国」を求めて——近代以降の研究史』（ヨベル、2020年）など、訳書にボウカム『イエス入門』（共訳、新教出版社、2013年）、N. T. ライト『新約聖書と神の民』上下巻（新教出版社、2015, 18年）など。

ユダヤ人も異邦人もなく

パウロ研究の新潮流

2023年4月31日　第1版第1刷発行

著　者……山口希生

発行者……小林　望
発行所……株式会社新教出版社
〒162-0814 東京都新宿区新小川町9-1
電話（代表）03 (3260) 6148
振替 00180-1-9991
印刷・製本……モリモト印刷株式会社

ISBN 978-4-400-11185-6　C1016